闭 环 管 理

刘小沙——著

台海出版社

图书在版编目（CIP）数据

闭环管理 / 刘小沙著. -- 北京 : 台海出版社,
2022.6

ISBN 978-7-5168-3237-0

Ⅰ.①闭… Ⅱ.①刘… Ⅲ.①企业管理－通俗读物
Ⅳ.①F272-49

中国版本图书馆CIP数据核字(2022)第036765号

闭环管理

著　　者：刘小沙			
出 版 人：蔡　旭		策划编辑：田鑫鑫	
责任编辑：戴　晨		封面设计：道系胖少年	

出版发行：台海出版社

地　　址：北京市东城区景山东街 20 号　邮政编码：100009

电　　话：010-64041652（发行，邮购）

传　　真：010-84045799（总编室）

网　　址：www. taimeng. org. cn / thcbs / default. htm

E - m a i l：thcbs@126.com

经　　销：全国各地新华书店

印　　刷：北京金特印刷有限责任公司

本书如有破损、缺页、装订错误，请与本社联系调换

开　　本：680 毫米 ×960 毫米		1 / 16	
字　　数：219 千字		印　　张：17.5	
版　　次：2022 年 6 月第 1 版		印　　次：2022 年 6 月第 1 次印刷	
书　　号：ISBN 978-7-5168-3237-0			

定　　价：48.00 元

前　言

很多人认为，管理是一门异常复杂、难以言表的高深学问，不是一般人能够驾驭的。

事实果真如此吗？

很显然，答案是否定的。实际上，管理并没有人们想象中那样复杂与高深，完全可以以不同企业的不同管理需求层次与实际管理过程中的矛盾作为依据，选择最简单、最有效的管理方法，轻轻松松地实现完美管理。对于管理而言，最高的境界便是，在目标和方法这两个点之间，寻得一条距离最短、效果最佳的直线，这也是简单管理的本质！去掉烦琐的形式，放弃复杂的方法，讲究实际效果，用最简单的方式，做到效果最佳的管理！

为此，笔者参考了大量的国内外相关权威材料，通过认真地筛选、总结与归纳，得出一些心得体会，出于与大家分享心得的目的，编写了这本《闭环管理》。

本书共包括十章内容，分别为：

第一章，简单管理——管得越少，效果越好。主要讲述了管理就是简化复杂之事，以简驭繁，使用简单方法快速解决问题，组织形式要简化，管理更需重视细节等方面的内容。

第二章，目标管理——管理有目标，工作简单又高效。主要讲述了目标乃企业的引擎，缺少目标的企业的发展无从谈起，整合员工小目标，将工作量化等方面的内容。

第三章，沟通管理——简化沟通，交流有奇功。主要讲述了常沟通便于解决问题，微笑是最简单有效的沟通方式，多听好处多多，说话简短直接更易理解等方面的内容。

第四章，制度管理——制度是高效管理的基石。主要讲述了公司需要机制，制度面前人人平等，制度不可朝令夕改等方面的内容。

第五章，激励管理——让员工跑起来，激励其实并不难。主要讲述了赞美是既简单又不花钱的激励，以及既要金钱激励又要精神激励，激励要因人而异等方面的内容。

第六章，授权管理——从"无为"到"无所不为"。主要讲述了学会放权，挑好授权的对象，授权与收权等方面的内容。

第七章，人才管理——善用人才，管理事半功倍。主要讲述了高效管理就是知人善用，管理就是用平凡人做不凡事，人才源自内部培养等方面的内容。

第八章，绩效管理——聪明的管理者用绩效说话。主要讲述了管理必须要有结果，绩效考核既看成果又看成长，重视员工绩效观的培养等方面的内容。

第九章，团队管理——精诚团队，让合作回归简单。主要讲述了确定团队目标，制订科学计划，重视团队成员合作精神的培养，纪律要严明等方面的内容。

第十章，自身管理——完善自我，用简单方式立威。主要讲述了提升自身影响力，放下官架子，做人要诚信，公平公正等方面的内容。

本书结构清晰，内容丰富翔实，语言通俗易懂，并且加入了典型的案例，可以让读者轻轻松松地理解并掌握管理方面的知识，从而避开管理误区。由于笔者才疏学浅，本书可能会存在些许瑕疵或问题，因此仅供大家参考。

目 录 CONTENTS

第三章　沟通管理
——简化沟通，交流有奇功

第四章　制度管理
——制度是高效管理的基石

第五章 激励管理

——让员工跑起来，激励其实并不难

第六章 授权管理

——从"无为"到"无所不为"

第七章　人才管理
　　——善用人才，管理事半功倍

第八章　绩效管理
　　——聪明的管理者用绩效说话

第九章 团队管理
——精诚团队，让合作回归简单

第十章 自身管理
——完善自我，用简单方式立威

第一章

简单管理

——管得越少，效果越好

管理，就是简化复杂之事

管理不仅是一门科学，也是一门艺术。管理既可以复杂到极致，也能够相当简单。在竞争已经白热化的今天，简单管理的呼声越来越高，管理对人们的生活影响也越来越大。既然管理这么重要，那么我们应当怎样学习管理，怎样正确应用管理呢？

中外闻名的管理大师、通用电气公司前总裁杰克·韦尔奇曾经说过这么一句话："人们往往将生意看得过于复杂了。实际上，它并非犹如对火箭进行研究一般非常困难的科学，而是这个世界上最为简单的工作。"韦尔奇之所以能够成功地对通用电气公司进行管理，其中一个秘诀就像他说的那样："把我们在通用做的所有事情、制造的所有东西'全都去复杂化'。"名声斐然的管理学家迈克尔·波特曾经也说过："生活已经相当麻烦了，可是仍然有不少人不畏麻烦，还给自己设置这样或那样的'圈套'。他们不断地采用一些最新的管理理论与比较含糊的方式来解决这些复杂的问题。其实，根本不需要这么做，最简单的方法才是最好的方法。"为此，企业的管理者甚至整个企业团队，都应当大力提倡简单管理，并坚决执行简单管理。

在一堂哲学课上，X教授提出了一个问题：1+1=？ 结果，课堂上陷入了一片寂静中，学生们都在猜测X教授的心思与用意，都在思考"1+1"会出现多少种情况与结果。

片刻之后，有的学生回答，"1+1"应当等于0，因为在黑屋子中拉电灯，拉一下电灯亮了，拉两下电灯又灭了，屋子重新陷入黑暗，结果为0。有的学生回答，"1+1"应当大于2，因为当两个人组合成一个团队后，相较于两个单人的效力和，他们的整体效力要大一些。也有的学生回答"1+1"应当小于2，还有的学生回答等于3、10或者无穷等不一样的答案，并且他们都给出了合乎情理的解释。当X教授听了学生们的答案后，沉默了一会儿，郑重其事地说道："同学们，我很佩服你们的聪明，可是我也非常失望，居然没有一个同学敢说出最原始、最公理化的答案，你们都将最为简单的问题复杂化了。"

其实，世界上原本并不存在复杂的问题，是由于有了人的存在，而人为地使简单的问题变得复杂化了。最完美的艺术品往往是最为简洁的，最吸引人的文章往往也是最薄的。这就要求我们不管做什么事情，都要寻找规律，由表及里，在真正认清问题的本质后，力图用最简单的方法将问题解决。如果将事情弄得复杂了，许多事情就会变得很不好解决。

在企业管理中，其核心要领为：尽可能使复杂的问题变得简单化，让下属容易理解，容易明白。但是，不少企业在发展的过程中，都患上一种名为"复杂"的疾病，也就是规章制度愈发繁多，业务流程愈发混乱，组织机构愈发臃肿，人际关系愈发复杂。随之而来的便是，管理效率不断下降，经营成本不断升高。复杂已然成了企业发展路上的最大障碍之一。

有一家企业，因为经营不善而常年亏损。为了改善这一情况，集团派了一名经理过去。新经理到任后，很快就发现了问题所在：员工工作太散漫，上班都懒懒散散的，毫无秩序。新经理询问办公室主任："这是怎么回事？难道没有设置相应的规章制度？"

办公室主任回答，企业不仅有相应的规章制度，而且还非常详细。随后，办公室主任便将一堆条例手册抱了出来。新经理一看，足足有五大本，看样子得有好几斤重。

新经理翻看了一下，说道："这些东西太复杂了，根本就没有人愿意看，而且就算看了也记不住。"于是，他亲自制订了两项制度："四无"与"五不走"。"四无"指的是车间一定要做到无杂物、无垃圾、无乱放成品半成品、无闲坐闲聊人员；"五不走"则指的是工人下班一定做到材料不放整齐不走、设备不擦干净不走、记录不填好不走、工具不清点好不走以及现场不打扫不走。这两项制度共包括9条规定，既清楚明白，又容易理解。没多久，工厂的情况就有了很大改善，人人都夸这位新经理管理有方。

该故事充分说明，管理便是将复杂的问题变得简单化，将杂乱的事情变得条理化。管理并非寻求复杂，简单才是最有效的方法。

智者致力于化繁为简，愚者则化简为繁。优秀的管理者懂得使复杂的东西变得直截了当，简单易懂；聪明的管理者擅长将复杂的过程简单化，将简单化的东西量化。

管理学大师彼得·德鲁克对20世纪最出色的公司领导杰克·韦尔奇赞誉有加，称他是迅猛发展的美国经济的代名词。管理学大师彼得·德鲁克为什么会给杰克·韦尔奇这么高的赞誉呢？

用杰克·韦尔奇的话来说："我的工作十分简单，即为那些最佳机会寻得最合适的人选，并且将公司的资源放到最合适之处。说得简单点就是，传递理念，分配资源，给予下属足够的空间，供其自由发挥。"

在杰克·韦尔奇的眼中，不管是管理，还是经营，均是十分简单的事情，这也是他对经营管理进行创新的灵魂思想，是他能够获得令人艳羡成绩的秘诀。

管理之道的本质，就是将繁化为简。要把复杂的问题简单化，简单的问题复杂化，表面看起来似乎是相互矛盾的，但事实上却是协调而统一的。宏观问题要简单化，而微观问题要体系化，这不仅是企业趋于成熟的美，也是企业应当寻求的管理境界。

管理简单化是一种无与伦比的力量，简化复杂之事，简化复杂之人，简化复杂之人际关系，既是一种修养，也是一种难得的本事。

古人云："大道至简。"其实，最好的管理，就是重点分明的简单管理。在企业管理中，如果想要高效的管理，就要使诸事变得简单，这是最有效的方法。要知道，简单就是和谐统一，就是高效而有力量的。企业的管理无须过于复杂，让所有的事情都保持简单化是所有中小型企业和成长型企业发展应该遵循的要旨。总而言之，高效的管理，就是简化复杂之事。让管理回归简单，将复杂的问题变得简单。

以简驭繁，管理就这么简单

关于管理，存在着诸多说法，但管理的本源为简单、高效、迅速。当今市场瞬息万变，竞争异常激烈，复杂的管理无法跟上客观的要求与变化。况且，复杂的管理，自以为条理分明，实际上却会令人眼花缭乱，无法快速做出正确反应，将问题解决。而善于简化复杂问题，并能将之顺利解决的管理者，才能称之为优秀的管理者。

有一个农夫，辛勤努力了好多年，终于梦想成真，拥有了一块牧场。牧场开张，亲戚朋友都来祝贺。众人闲聊之际，一位访客向农夫询问牧场的名字，农夫扬扬自得地回道："说起牧场的名字，还发生了一段有趣的事情。我们家所有人的意见都不一致，我的大女儿要求使用她的名字'爱丽丝'，我的小儿子也想要用他的名字'詹姆士'，我太太觉得在这个地方非常幸福，想要叫'幸福'牧场，而我觉得实现了自己一生的梦想，应该叫'梦想'牧场。最后，我们通过协商，一致同意将牧场叫作'爱丽丝詹姆士幸福梦想牧场'"。

访客继续问道："这个名字的确很有意思，但为什么在你家牧场中看不见一只牲畜呢？"农夫回道："前一阵子还有呢。只不过那些牛呀、马呀，承受不住将那么长的名字烙在它们的身上，全都被烙死了。"

这个故事说明：名字太复杂，会将牛、马等牲畜害死。推而广之，复杂的事或许会将人累死，复杂的管理或许会将员工害得疲惫不堪。

出路取决于思路。在工作中也好，在生活中也罢，一定要掌握简化复杂问题的能力，即提纲挈领地将问题实质捕捉到的能力。千万不要将自己局限在所谓的复杂的科学管理规划中，包括那些复杂的理论，肯定会让你眼花缭乱，进而无所适从。

在现代企业中，外部条件愈发复杂，企业管理唯有将繁化为简，方能大大提升执行力以及企业的整体效率。作为管理者，必须要懂得"以简驭繁"的道理，要掌握"大事化小，小事化了"的技能，尽可能地简化复杂之事，千万不能使简单之事变得复杂化。

当年IBM组织庞大，业务范围广，涉及160多个国家，拥有员工数十万，但就是无法盈利，反而每年都要亏损百亿之上。后来，原本做食品行业的郭士纳转行到了IBM。他在全面了解了IBM的实际情况下，做出了很多改革与调整，其中就包括通过各种手段，比如，裁减员工、简化组织层级等，促使IBM的组织结构变得更加简单，更加有效，行动起来更加快速。因为不了解高科技行业，郭士纳很少过问具体的工作，他只是将一些原则与大方向制订好，然后交给下属去执行。就是这样简单的管理，IBM切实地落实了他提出的政策后，扭亏为盈，股价也随之上涨，是之前股价的10倍以上。

可见，将复杂的管理简单化，是非常有必要的。简单化不仅可以有效地节约资源，还能够很好地提升效率。而复杂的管理会使组织结构变得重复烦琐，程序循环往复，时间消耗过多，成本居高不下。管理不能简单化，就意味着管理不能科学化，意味着经营不能出效益。

聪明的管理者都懂得简化复杂的问题，用简单的方法解决问题。当管理者真正掌握了简单管理的真谛时，就不会为组织机构愈发庞大、员工结构愈发臃肿而发愁了，也不会因为每天纠缠在复杂的事务中而疲惫不堪了，不会由于管理方法愈发复杂，但效率却愈发低下而迷惑不解了。

阿尔迪是德国比较有名的连锁超市，超市的经营策略可以说是十分简单的。他们仅仅经营几百种商品，相较于经营几十万种商品的沃尔玛，经营范围太小了。而且，每一类商品，他们只卖一两个品牌与型号。阿尔迪超市在挑选产品时很有一套，他们总是精心选择那些拥有最好质量、最高性价比的产品。这样一来，帮助顾客节省了很多挑选的时间。在货品的摆放上，坚持简单的原则，商品陈列既不华丽，也不美观，均是在原包装盒内装着，仅仅打开了包装盒而已。很多商品堆放在地上，让顾客伸手即拿，超市服务人员甚至都不负责装袋。而商品的价目表，也只是简单地挂在商品的上方。

因为商品比较单一，所以在与供货商的议价上，阿尔迪拥有更强的能力；因为货物种类比较少，所以物流和库存的效率获得了极大的提高，与此同时，成本也变得非常低；因为经营方式比较简单，所以大幅度地节约了人力成本，每一家阿尔迪超市的工作人员都不超过10人。然而如此简单的超市，却获得了令人难以置信的销售额——每年的销售额在400亿欧元以上。更令人瞠目结舌的是，阿尔迪超市每年经营销售的单件商品总价值远远超过了沃尔玛的单品平均销售额，几乎都在4000万欧元以上。当商学院的研究人员前来拜访、求取真经时，当时担任阿尔迪超市总裁的阿尔布莱希特这样回答："我们将所有的精力都放在了一只羊的身上，大量的事实已经证明，那些总是想着放许多羊的人，到了最后，常常连一只羊都很难剩下。"这便是这家超市之所以取得成功的秘诀所在。

简单不但是一种巨大的力量，也是复杂的终极形态。作为管理者，如果可以以简驭繁，简单管理，就能够有效推动企业的发展，让企业迅速飞跃起来。

对管理者而言，简单管理是一门需要静心研究的大学问，可以获得事半功倍的效果，是管理的至高境界。不过，需要特别注意的是，简单既不等于"减少"，也不等于"放弃"，它要求所有的管理者都认认真真地思考，认认真真地准备，认认真真地行动。唯有这样，简单管理才会实现预期的高效率与高效益。

使用简单方法，快速解决问题

法国哲学家笛卡尔曾说："我只会做两件事，一件是简单的事，一件是把复杂的事情变简单。"我们要抛弃以前那些复杂的思维模式与方法，尽可能地简化复杂的事情。

简化复杂的事情，实际上就是用简单的方法去做复杂的事情。用最简单的方法，快速地将复杂问题解决，这是一种十分难得的大智慧。

据报道，美国太空署碰上了一个难题：如何设计出一种供宇航员使用的特殊笔，这种笔不仅要拿着很方便，而且不需要墨水也能流畅地进行书写。他们向全社会发起了征集最佳设计方案的活动。人们纷纷将自己的设计创意发了过来，可是没有一个能让人打10分的方案，那些设计要么过于复杂，要么就是凭借现在的技术制造不出来。

正当太空署的工作人员烦恼不已的时候，他们收到了一名小女孩的来信，信中写道："试试铅笔。"问题就这么简单地被解决了。

其实，有的问题原本并不复杂，只不过很多人的思维方式总是陷在复杂的坑中爬不上来。他们经常将问题看得十分复杂，把解决问题的对策也弄得十分复杂，甚至给自己设了个"牢笼"，怎么都出不来。其实，我们倡导"简单化"，就是以最小的代价，换取最佳效果。

著名企业管理大师艾利·高德拉特博士说："复杂的解决办法是行不通的，问题越复杂，解决办法越要简单。"而将简单的问题复杂化，就是使用复杂、麻烦的方法去解决简单的问题，有时，甚至还会动用大量的人力、财力与物力去处理原本能轻轻松松解决的问题。这就好比用精密的高射炮打墙上的蚊子一般，不但愚蠢无比，而且还劳民伤财、得不偿失。因此，在遇到问题时，我们要先考虑简单的方法，问题愈复杂，愈要坚持简单化的原则。

新西兰一家动物园来了两只袋鼠。为了更好地对袋鼠进行照顾，动物园管理者遵从专家的意见，专门为袋鼠修造了一个非常大的围场，在外围还筑起了一道篱笆，约有一米多高，防止袋鼠逃走。

但是，第二天清早，动物园管理员却惊讶地在围场外看到了正在吃草的两只袋鼠。动物园管理者认为是篱笆太矮了，就命人将篱笆加高了半米。可是，第三天，两只袋鼠又跑出来了。于是，动物园管理者又命人把篱笆加高到两米，暗想这次应该跳不出来了吧。然而，在第四天，同样的事情依然发生了。对此，动物园管理者怎么都想不明白。

一只长颈鹿忍不住问正在吃青草的袋鼠："你们是怎么从那么高的篱笆上跳出来的？你们究竟能跳多高呀？"

袋鼠轻笑着回答："唉！我也不明白，他们为何一直将篱笆加高！实际上，我们根本不是从篱笆上跳出来的，而是从围场的门中走出来的，因为管理员总是忘记锁门。"

现实中，不少事情包括某些较为简单的事情之所以做起来会觉得困难，主要是由两方面的原因造成的：第一，人们经常将思维局限在已经认定的程序中；第二，人们常常将问题想得过于复杂了。碰到问题的时候，人们总是习惯性地使用十分复杂的方法去解决，最终自然会以失败告终了。在这种情况下，倘若能够打破常规，用简单的方法解决问题，自然能破除困境。

某家报纸曾经举办过一项有奖征答活动，奖金数额很可观。题目为：

在一个出了问题的热气球上，载着三个科学家。

第一个是环保专家，他的研究可以让无数人免除由于环境污染而陷入死亡深渊的厄运；第二个是核专家，他可以防止世界性的核战争，防止地球陷入毁灭的绝境；第三个是粮食专家，他可以在异常贫瘠的荒凉之地，利用专业知识将粮食成功地种出来，让几千万人不会因为饥饿而死。

热气球马上就要坠毁了，倘若丢出去一个科学家以减轻载重，可以使另外的两个科学家活下去，应该将哪个科学家扔下去？

问题刊登出去后，无数人都加入这个活动中，信件犹如雪片一般飞过来。在这些信中，所有人都在费尽心思地解释自己认为必须要将哪个科学家扔下去的宏观见解。然而，最终的结果却出乎大家的意料，居然是一名小男孩拿到了这笔巨额奖金。

小男孩的答案是：把最胖的那个科学家扔出去。

将最胖的人扔出去，就这么简单。管理者应该对此事进行反思，当我们盲目地运用各类管理大师那些极为高深的理论来解决遇到的问题时，或许有一种最简单、最原始但效果却非常好的方法是我们不曾想过的。因为我们满脑子都是各种管理理论与别人的成功经验，如此多的干扰，导致我们将问题想得过于复杂了。

原本只是一个简单的问题，就是因为想得太复杂了，总想从难处下手，而将最简单的解决方案忽略，所以才会以失败告终。实际上，只要不是人为的原因，愈是复杂的，就愈简单。

一家国际上很有名的大型日化企业与我国南方地区一家规模不大的日化工厂引进了同一套肥皂包装生产线。可是，当正式投入生产后却发现，在设备自动将香皂放入香皂盒时会出现些许纰漏，大约每100只皂盒中会出现1个或2个空的。这种产品肯定是不能直接投入市场的，而如果选择人工分拣的话，不仅难度很大，成本也会大幅度提高。

面对这个问题，国际大型日化企业立即组织技术研发队，花费了整整一个月的时间，设计出了一套重力感应装置，放到了流水线上，每当出现空肥皂盒的时候，这套感应装置立即就会检测到，然后设备上的自动机械手就会拿走空的皂盒。这家公司的管理者对技术研发部门为这套设备设计的"补丁"非常满意。

而南方地区这家规模不大的日化工厂因为缺乏足够的资金与实力，老板对设备采购员说了一句话："你必须解决这个问题。"这名采购员经过反复思考后，去旧货市场买了一个30块钱的二手电风扇，将其放到流水线旁边一直吹风。每当有空皂盒从电风扇前经过时，就会因为重量太轻而被吹到地上。问题同样被解决了。

相同的问题，一个耗费大量人力与财力，用了足足一个月时间设计出了一套重力感应装置，而另一个却只花了30块钱买了台二手电风扇就将问题解决了。很显然，后者更简单，更省时、更省力、更省钱，是最佳解决方案。

善于使用简单的方法，快速解决问题，是一种大智慧，也是管理者需要的。作为管理者，当遇到问题时，如果头脑能灵活一点儿，从多层面、多角度去思考问题，那么往往就会发现简单的方法是快速解决问题的良策。

精兵简政，组织形式要简化

在现代管理中，有不少企业都存在着这样一种现象："人浮于事"，企业中有太多过于挑剔的专家以及太多的管理层次。这是时代造成的一种组织结构。20世纪初期，技术较为简单，为了对大批量生产操作进行控制才专门设计了这样的组织结构。但是，随着社会的发展，企业发生了变化，这种结构已经不符合企业的现状了，已经成为会对企业管理造成严重妨碍的一种桎梏。它没有办法适应如今越来越激烈的竞争需求。

那么，怎样算"人浮于事"呢？有一个比较可靠的鉴别标准：倘若管理者，尤其是高层领导，必须要拿出20%的工作时间，来处理公司内部的不和睦与摩擦，或对内部的权力争夺以及相互合作等问题进行处理的话，那么这个队伍就存在着"人浮于事"的现象。在一个团队中，人太多，反而会对彼此的工作造成妨碍，不利于绩效的实现与提高。而在精明干练的团队中，人们工作有序，基本上不会发生矛盾和冲突，能够顺利地将工作进行下去。

现代的制度文化，应当寻求"小而精"的结构。而在现实管理中，不少组织结构都存在着过于臃肿的现象，这已经是众人皆知、毋庸置疑的事实。对企业结构进行精简，已然成为一个必须加以重视的课题。著名管理学大师彼得·德鲁克说："交响乐团式的管理才是最好的管理，一个指挥可以对20个乐手进行管理。"他通过大量的调查与研究，最终得出了这样一个结论：对于企业来说，管理的层级愈少愈好，层级之间的关系愈简单愈高效。

20世纪初，亨利·福特在福特公司的汽车生产上借鉴亚当·史密斯著名的"劳动分工原理"以及弗雷德里克·泰勒著名的"制度化管理理论"，形成了汽车流水作业线与金字塔式的组织结构。在那个时候，这种分工十分精细、需要层层上报的结构模式，对于提升效率与增强部门管理是非常有利的。因为那个时候工人的素质普遍低下、劳动力不值钱，技术水平也是有限的，因此，对企业的经营过程进行分解，使之成为最简单，同时也是最基本的工序，员工只需重复做一种比较简单的工作，就能促使工作质量以及工作效率得到极大的提高。

然而，到了20世纪80年代，福特公司的这类经营管理模式已经不能适应企业发展的需求，慢慢地显露出它的诸多弊端。

第一，因为分工太过精细，就导致了一个不良现象，即经营过程常常需要经过多个环节、部门的处理，消耗很长的时间，致使成本变得很高。而过于精细的分工使员工的工作变得十分单调，导致员工的工作质量与服务质量大大降低。员工在工作上严重缺少主动性与积极性，责任感也很差。福特的这种"慢悠悠"的运作状态，更致使管理在日异变化的市场环境中处于一种极其被动的状态中。就像美国一家规模比较大的保险公司，随着业务的不断发展以及管理工作的逐渐复杂化，客户居然需要通过250道程序才能够成功获得索赔，这使得客户连连抱怨，逐渐对这家保险公司失去了信心，最终选择了离开。后来，这家保险公司的客户数量一直在持续下降。

第二，福特公司的这种分段负责的管理模式，致使公司中没有人对整个经营过程负责，没有一心一意为顾客服务的意识。各个部门根据专业职能进行划分，"各扫门前雪"，最终各个部门仅对本部门的工作予以关注，并且以使上级部门满意作为标准。至于"顾客就是上帝"，那是营销人员的事情，其他部门的员工并不在乎所生产的产品或是所提供的服务能不能真正满足顾客的需求。而且，为了有效衔接企业内部的各个部门与各个环节，福特公司就需要很多管理人员充当组织管理的信息存储器、监控器以及协调器。于是，人力消耗不可避免地变成了很难承受得住的重大负担。

除此之外，在做任务的过程中，各个部门均是站在本部门的实际利益上来处事，这肯定会出现本位主义以及推脱现象，致使公司运作的成本大大提高。

因为管理过于复杂，导致福特公司出现了问题——组织结构过于臃肿，官僚作风十分严重，工作效率非常低下，从而悄然引发了致命的危机。到了20世纪90年代初期，仅北美地区的应付账款部，福特汽车公司就有500多位职员，他们负责对供应商供货账单的应付款进行审核与签发。可是，日本马自达汽车公司却只有5名员工对应付账款工作进行负责。应付账款部本身仅需要核对"三证"，只要"三证"符合，就可以付款。但福特公司弄得如此复杂，白白浪费了那么多人力资源。这个差异巨大的5：500，使得福特公司管理者再也不能从容淡定地处之了。在形势的逼迫下，福特公司对流程进行了重组，将应付账款部重组，仅留下125名员工，是原先的1/4，节省了3/4的人力资源。

由上述案例可以看出，想要提升组织的活力与效率，就一定要先对组织进行"瘦身"，破除内部的官僚主义，对企业内部的各个层次进行精简，对领导班子进行缩编，缔造一个焕然一新的灵巧型企业，让企业卸下重担、轻装上阵。因为倘若企业拥有太多的管理人员，就极其容易出现相互推诿的现象，这必然会给企业或组织造成极大的损失。

所有优秀的管理者，都有一个共同的特征，即总是尽可能地简化组织形式，使管理变得更加简单，更加易行。如果企业结构太过复杂，对于企业轻装上阵是很不利的，会人为地增添沉重的负担，把原本很简单的问题弄得非常复杂。这是不符合现代企业经营管理理论的。现代企业应该"精兵简政"，愈简单愈好。因为管理结构愈简便，操作起来就会愈容易，管理起来也会愈容易控制。因此，若想成为一名杰出的管理者，就一定要重视结构形式的简化。

简单≠容易，管理更需重视细节

现代企业管理对"简单管理"的呼声越来越高，极力提倡管理越少，效果越好。然而，管理者需要特别注意的是，简单并不等于容易，管理更需要重视细节。

若说管理的一般法则为科学，则管理的细节便是艺术。很多人或许都有这样的感受：说到有关企业管理的事情时，留下最深印象的通常并非是那些深不可测的管理学理论与管理的一般法则，而是一个又一个管理细节的事例。

在管理过程中，不管疏漏了哪一点细节，都会对大局造成很大的影响，可以说是"牵一发而动全身"。"千里之堤，溃于蚁穴"，管理者对细节有所忽视，就有可能造成不良后果，甚至招来灭顶之灾。因此，在企业管理中，"加强细节管理"就变得非常重要，这应该是所有合格的管理者都应当遵从的规则之一。

某家出版社的负责人想要该出版社在某个特定领域占领主导地位，于是做出了一个决定：以很高的价格将一家规模很小的出版公司买下来。该负责人急切想实施这个购买活动，所以不断给下属施压，让下属在尚未将很多细致的准备工作做好之前，就匆匆忙忙地上阵了。他当时这样对下属说："具体的细节等我们以后再商讨。"

但是，在行动中，他的下属忽视了一个重要细节。很多的顾客在这家出版公司订购了产品，然而，只有1/5的顾客支付了货款。结果，收购出版公司不仅没有达到预期的效果，而且还给该出版社带来了极大的损失，对出版社几年内的其他投资都造成了不良的影响。

从此案例中我们很容易看出：管理者仅对"大事情"予以关注是不行的，在对大方向、大战略进行把握的基础上，也要密切地关注每件小事，并且将之做好，才能做出更大的成绩，获得令人艳羡的成功。

常言道："天下大事，必作于细。"组织的运行是一个极其复杂的系统，该系统通过各类途径由数不清的细节相互连接而成，并且具备良好的自我调节能力。系统运行时，必然会出现细节方面的问题。所以，能否恰当地处理每一件小事，对全局有着重要作用。

山东万杰集团最初创建于山东省淄博市博山区的一个很不起眼的小山村，经过十几年的发展壮大，现在已经成为规模巨大的集团公司。

万杰集团之所以能够快速地成长为如今的规模，与其对细节管理高度重视，严格地使规章制度落实到位有着密不可分的关系。集团的管理制度体现在方方面面，从公司到工厂，再到车间、班组或者个人，从学校到老年公寓等，从各科研究所到万杰医院，每一个部门、每一个岗位，都拥有着十分具体而明确的规章制度，共包括几千条。集团通过宣传、讲解、手册等各类形式，让员工的制度意识以及贯彻落实的自觉性得以大大增强。

实际上，万杰集团起初的生产经营状况并不好，公司的内部管理很混乱，可是在濒临倒闭的时候，公司的领导者开始推行严格的管理制度。不过，因为员工已经习惯了散漫，所以在刚开始时根本接受不了，都对公司的严格做法议论纷纷。比如，当初制订禁烟区内不允许吸烟的这个规定，在其执行时，就遭到了不少人的抵制。就算采取罚款的处罚方式，都没有将问题解决。有的员工因为违规吸烟遭受罚款时，不仅态度十分蛮横，拒绝交罚款，而且也没有正确认识到自己的错误。然而公司却认为："搞现代企业，没有组织纪律就无法组织生产。没有严格的管理就没有生产力。从严管理，抓起来如滴水穿石，必须锲而不舍，持之以恒。"

随后，万杰集团采用了更为严厉的惩罚措施：对在禁烟区违规吸烟的人罚扫大街七天，刚开始由自己的家人陪着一起扫，后来又把制度改成了由违规者的领导陪着一起扫。时间长了，员工们就自觉地不在禁烟区吸烟了。

当时，万杰集团的大部分员工均源于农村的剩余劳动力，在2000多员工中，只有14%的员工拥有大专以上文化程度，49%的员工拥有高中、中专文化程度，37%的员工拥有初中文化，企业员工的整体素质相对比较低，可是通过持续的教育培训以及异常严格的管理，不但员工们将各种小事做好了，整体的素质也得到了较大的提高，公司生产经营获得了快速的发展。

从万杰集团的案例中，我们可以看出，企业的严格管理应当从点点滴滴的细节做起，并且一定要持之以恒地坚持下去。

易趣CEO谭海音曾经说过："管理一半是科学，一半是艺术。"在她看来，从学校中学到的并非照搬照抄别人成功的管理模式，而是别人的思考方法。完全可以这么说，优秀的企业家不一定是管理方面的理论家，但一定是管理方面的艺术家。他们非常清楚"细节管理"的奥妙，在对细微之处进行处理时，手不松。

　　在现代企业管理中，最为忌讳的便是大而化之，专注于细节才能真正促使管理水平获得提高，因此，企业管理就应当如王永庆所说的那般，不可以只对"面"与"线"加以重视，应对"点"予以忽视；对"点"重视了，将"点"完善了，"线"与"面"也就变得简单多了。所以，企业管理者应当实施严格的管理制度，特别是正处于困境当中，想要反败为胜的企业，更应当重视细节，从细微之处做起。

请跳出完美主义的管理怪圈

在现代企业中，不少企业管理者都想要将事情做到尽善尽美，不存在一丁点儿瑕疵。可是，在通过各类极为复杂的手段去实现这种期望时，却很少有人知道这种"完美主义思维"的心理会让整个企业染上"焦虑症"，会使很多员工甚至包括管理者都出现急功近利的行为，形成一种非常生硬刻板的风气，最终为企业招来极大的灾祸。

某动物园，有一名相当爱干净的饲养员，每天都为小动物打扫住所，使之几乎一尘不染。然而，出乎他意料的是，那些小动物对于他的这种照顾根本不领情，在如此干净舒服的环境中，反而很不开心，一个个都变得萎靡不振：有的开始厌食，身体很快消瘦下去；有的生病了，拒绝吃饭；有的甚至死去了。这到底是怎么回事呢？

后来，通过多番观察与调查，发现动物都有自己与众不同的生活习惯，有的动物愿意闻充满混浊气息的臊气，有的动物喜欢看自己的粪便，觉得那样才安全等。而这位饲养员的精心照顾反而不利于动物们的成长，从而引发了各种问题。

这个故事告诉我们：有效的管理一定是针对组织内部个体的实际需要的，要对个体的差异性予以包容，并且在此前提下灵活应对，多元化管理。如果像那位饲养员所做的那样，不管个体之间所存在的差异，一味寻求看起来似乎很完美的统一，这种组织最后肯定会由于将个体的个性抹杀而致使组织僵化或者解体的。

事实上，不管是企业还是个人，都不存在完美。一味地追求决策上与执行上的完美，非常容易掉进"完美主义"的陷阱，而采用完美主义的标准来挑选人才更是不可取的。企业因为受限于自己的资产、资本以及人力资源等，需要站在实际的角度考虑问题，制订出符合实际的决策，而非完美的决策。在执行上，"完美主义"的管理者通常会令人很头痛。比如，面对瞬息万变的市场，需要立即对某个项目作出决策，并马上执行，而完美主义的管理者往往会因为要将事情做到十全十美而贻误了异常宝贵的时机。

在现代企业中，有的管理者总是希望下属是完美无缺的。他们内心也知道这是不可能的事，但却还是盼望着下属能够尽可能的完美。实际上，这些管理者在坚持完美的同时，已经与其初衷相悖了。下属为了满足管理者的要求，在工作中变得太过小心谨慎，唯恐犯下一丝一毫的错误。在这种情况下，工作速度自然是缓慢的，工作效率是低下的，最终会导致整体的业绩一路下滑。

最近，张小熊的公司准备招商。他的一个好朋友提出了建议：每个周末，让所有的电话营销人员将本周内遇到的困难与问题作出汇总，然后一起交给他，由他统一整理，逐一回答，给出标准的答案，使营销人员的口径保持统一。

张小熊觉得这个建议很不错，并且马上就落实下去了。到了周末，大家汇总了所遇到的困难与问题，交给了他。然而，整整10天过去了，张小熊还在忙着解决那些"困难与问题"，因为他总是想将那些困难与问题的标准答案考虑得再完美点儿。

结果，他写下了标准答案的一稿、二稿、三稿……但却没有最终的定稿！他总是感觉有的答案还有瑕疵，总是想要再将其完善一下。由于他迟迟没有将定稿拿出来，导致电话营销人员工作起来效率都不高。但张小熊不但没有反思自己，反而狠狠批评了电话营销人员，弄得大家心中既不服气，又很郁闷，气氛变得极其紧张。

没过多长时间，就有数位电话营销人员选择了离开。

好朋友得知这一情况后，急忙与张小熊联系，劝说他先将那些"标准答案"发给电话营销人员，也可以"试行"一下嘛，因为时间是不会等待任何人的！更何况，如果真的按照张小熊的这种想法去做营销，就出大问题了。因为每一个星期，电话营销人员都会遇到一些困难，提出一些问题，都需要张小熊来解答。如果一直这么下去，前面的问题尚未解决，后面又接踵而来了很多问题，张小熊就算再有能耐，也不可能做到时时解决。

好朋友还对张小熊好生相劝，让他别过多责备工作人员，要多从自己的身上寻找原因。

但是，张小熊并没有接受好朋友的意见，依然我行我素。没过多长时间，所有的电话营销人员都离开了，招商计划也以失败而告终。

很明显，张小熊属于非常典型的完美主义者，但是这种在企业经营与管理上追求过于完美的思维，最终只会让他走向失败。

很多时候，完美就意味着复杂。站在心理学的角度来看，完美主义本身的目标往往设置在极其理想的状态下，他们为所有的事情都设置了极高的标准，无论什么事情都要有固定而唯一的标准答案。因为他们将所有的注意力都投放到了做事方法的"绝对正确"上面，所设定的极高标准比普通人的承受能力高出了很多，从而致使他们不怎么信任员工，失去了操作的灵活性，与此同时，也使员工整天提心吊胆，行动起来畏首畏尾，无情地将员工的想象力与创造力扼杀了。

俗话说得好："过犹不及。"管理工作根本不需要苛求完美，而应留出一个较为开放的空间，让员工拥有更大的发挥舞台，以便获得更加丰富、更加新颖的成果。这才是成功的管理之道。我们提倡简单管理，就是要将"完美主义"丢弃，在各个方面都留下一定的余地，让一切事情都变得井然有序，顺理成章。如此一来，管理才能够具备合理的弹性，才能够具备良好的应变能力，才能够在速度上获得胜利。

最好的管理，就是少管理

现实中，我们常常会听到一部分管理者的抱怨："每天太忙了，我太累了！"有的管理者甚至因为劳累过度而卧床不起。诚然，这其中有很多原因，但有一个不容忽视的原因便是：管理者在工作中总是大包大揽，整天埋头在异常繁杂的事情中，忙得脚不沾地。之所以会这样，完全是因为他们没有将"多管"和"少管"的关系处理好。

杰克·韦尔奇在实施管理时遵从这样一个原则：最好的管理就是少管理。换句话说，最好的管理就是企业经营管理者仅仅管自己应当管的事情。反观现今的一部分管理者，很明显，他们没有这种观念，也缺少这份自信。据某权威的调查分析报告显示："在企业每个层次上，管理者用在管理上的时间占80%，用在工作上的时间仅仅占20%。"

很多管理者早已经习惯了相信自己，根本无法对他人放心，常常粗鲁地干预他人的工作过程，于是就形成了一个怪圈：管理者在实施管理时总是从头管到脚，越管越变得所有的事情都要亲自出马，每个决策都是自己说了算，总是疑神疑鬼。与此同时，下属在工作中也变得束手束脚，养成了从众、依赖以及封闭的习惯，不但丢掉了异常宝贵的主动性与创造性，而且还在极大程度上对下属的自尊心以及归属感造成了挫伤。久而久之，企业就会患上"弱智症"。

杨总是某地产公司的老板，他每天都在为工作忙碌，恨不得将一分钟拉长成一小时使用。他怎么都想不明白，为何他的那些下属都那样不成器。看着别人的公司，不管是副总，还是总监，他们都可以独当一面，而他们公司的副总与总监呢，不管做什么事情，一定要他亲自去现场指挥才行。用杨总自己的话来说："我们公司唯有我一人是官，别的人均是小兵，如此下去，我总有一天会因为劳累而死的！"

然而，另外一个方面的事实是：他从别的公司挖来的副总或总监，有的干一段时间就离开了，或者留下来后也逐渐变得不懂如何作决策了。这到底是什么原因导致的呢？

原来，杨总这个人十分细心，喜欢追求完美，对于安排他人的事情，总是不能放心，所有的事情都愿意亲自指挥。即便是设计花池、在哪些地方栽树、布置售楼部等小事，他也要亲力亲为、亲自监督。时间长了，下属们就将他的性情摸准了，只能每一件事情都先向他请示，轻易不会自己做决定。结果，整个公司就变成了他的"一言堂"了。

管理的终极境界，就是只对"头与脚"进行管理，而非"从头管到脚"。在现实企业中，有不少管理者为了彰显自身的才能，在对某件事情进行管理时，往往会"从头管到脚"，结果，劳心劳力还不一定能落着好。成功的管理大师，犹如一场战役的领袖或指挥官一般，他们放权给自己手下的将领，教会他们如何打仗，而在战役过程中，他们指挥全局！

美国有两名才高八斗、学富五车的卡通画家，他们的作品不仅受到美国孩子的喜爱，还受到了其他国家的孩子们的欢迎。他们分别是华特·迪士尼先生与舒尔茨先生。华特·迪士尼先生因为建立迪士尼乐园而被全世界人民所熟知，而舒尔茨先生则因为创造了史努比卡通人物而受到全世界人民的关注。这两个人在卡通世界中各自风光了数十年，并且各自创出了一片属于自己的天空。

尽管迪士尼先生已经在多年前去世了，可是他创造出来的迪士尼乐园仍然如日中天，无与伦比。相对地，尽管舒尔茨的漫画事业也取得了很好的成绩，但都没有办法和迪士尼王国相媲美，在企业的规模上也好，在对顾客的影响力上也罢，都要逊色很多。

有位漫画评论家比较过这两个人的工作与事业，并且得出了这样一个结论：尽管迪士尼先生很早就死了，但是他的事业却能够持续地发展壮大，因为他早就放下画笔，不再继续画卡通画了。而舒尔茨之所以比不上迪士尼，就因为他始终坚持亲自动笔去画漫画，而且直至他去世的那一刻才放下画笔。

也就是说，他们拥有迥然不同的经管理念与完全不一样的工作哲学，所以各自创造出了不一样的人生格局。

那么，迪士尼先生不再画画之后，他究竟在做些什么呢？这个可以从迪士尼先生和一个孩子的对话中窥探一二。

有一个孩子曾经遇到了迪士尼先生，他异常兴奋地问道："迪士尼乐园的所有卡通都是出自你之手吗？"

迪士尼先生温和地回答："小朋友，我已经很长时间没有动笔画卡通了！"

小孩子觉得十分困惑，继续问道："那么，乐园内有许多游乐设施，这些都是你设计的吗？"

"不是！那些游乐设施均是公司的设计师设计的。"迪士尼先生满面笑容地回答。

孩子很不理解地问："迪士尼先生，你既没有画卡通，也没有设计游戏，那么你究竟在从事什么工作呢？"

迪士尼先生回答："我如今的工作啊，就相当于一只小蜜蜂，主要负责四处寻找花朵，采采蜜，授授花粉。"

说得简单一点，迪士尼先生的工作，已经从早期动笔画卡通，变成了后来的寻找人才、挖掘商机、创造品牌以及开拓市场了。

一名优秀的管理者，在实施管理的过程中必须要做到科学领导，才能够获得预期的效果与效益。管理者必须谨记：愈是尽职尽责，愈要克服忙乱，尽职尽责≠事必躬亲。作为管理者，你要带领手下前进，而不可以代替手下前进，应当将更多的精力和时间放在促使自身素质的提升上，放在规划、组织以及指挥这三个重要事件上，促使工作效率的提高，合理地对下属授权，尽可能创造出最好的领导效益，这才是成功管理者的秘诀。

第二章

目标管理

——管理有目标，工作简单又高效

目标，乃企业的引擎

对于企业的经营管理来说，目标就是至关重要的引擎，在它的指引下，企业才会快速地找到方向，获得预期的收获。如果该目标比较模糊，那么在指引的过程中就会出现一定的偏差，导致企业的经营发展遭遇麻烦，进而影响企业的可持续发展。

企业之所以要设定具有引擎功能的目标，就是在为企业的宏观发展打基础，给管理者指明方向，为企业的员工寻找好出路。整个企业组织也好，企业的管理者也罢，抑或是企业的员工，在各自前行的道路上都必须要树立一个具体的目标。

唯有顺着目标前进，管理者在实施管理的时候才能获得良好的效果，因为目标是帮助计划得以实现的重要基石。唯有在具有引擎功能的目标下对工作进行统筹安排，使员工按照相关的计划行事，使管理者为企业组织做实事，才能够十分高效地将工作任务完成。

目标的引擎功能还表现在具体的管理活动中，可以给企业员工指引方向。在具体的实施过程中，目标可以让企业组织中的人员清楚地知道自己应当做什么，不应当做什么，怎样去做，并且可以对自己做得怎么样进行估算，在此基础上来实现企业各个成员的自我高效管理。

目标也指导着管理者合理管理员工，管理者可以采用具体的目标来对员工进行管理，这对于员工自动自发地前进是非常有利的。与此同时，管理者应当以目标的设置作为依据，及时督查下属，清楚地掌握他们实现目标的具体情况，以便做出适当的引导，促使目标能够更好地完成。

目标是管理者出色完成管理的方向与中心。它不仅指挥着目标的计划，而且还指引着实施目标的行为，更是对绩效进行考核的标准。如果可以较好地掌握目标，那么管理活动就会变得更加高效。

杰克·韦尔奇在管理公司的过程中，创造了一个十分新奇的经营目标核心管理模式。他舍弃了"命令式管理"这种大部分公司应用的普通管理模式，而是借助于"经营目标核心管理模式"来经营企业，这种模式促使通用电气公司的年销售额达到600亿美元。现在，全球的很多企业都已经接受并开始应用韦尔奇创造出来的这种管理模式。

其实，韦尔奇创造出来的目标核心管理模式，最杰出的地方就在于采用各类方式来调动员工的积极性，使之积极主动地加入企业的决策中，充分将他们身上的冲劲激发出来。

"经营目标核心管理模式"并不是采取命令式的管理，使用强制性的手段对员工进行鞭策，促使员工前进，而是借助目标的可发展性逐步向前推进。

除此之外，相较于传统的管理模式，这种管理模式的最大特点，就是实施一种自主性的管理模式。因此，企业中各级管理者必须要改变自己的观念，放弃旧式管理体系，做一名全新的管理者，最好能够成为员工的顾问，及时将员工提出来的好建议传递给上级，以便上级能尽早拿到第一手工作资料。如此一来，不仅可以使员工的积极性获得大幅度的提高，而且能够使管理者从原有的管理牢笼中摆脱出来，成为一名新型的、杰出的管理顾问。

1.设置目标，重视目标引擎

企业管理者在对员工进行管理时，要将一定时间内每一个员工要完成的工作设置为目标，在目标的引导下，一步一步地将工作完成。

对目标引擎加以重视，要求管理者紧盯目标的实施情况，锲而不舍地坚持下去，直至将目标实现为止。

2.目标引擎最好超前一些

在设定目标时，要以企业的具体情况为依据，设计出科学合理的目标引擎，以便管理者按照事先确定好的目标逐步向前走。目标引擎最好设定得超前些，将目标的数值定得稍微高一些，以便促使管理者对目标数据生出紧迫感，从而加大向前的力度，并通过对员工的督促，使得既有目标得以实现。

3.把责任与权力交到员工手上

管理者在推行具体目标管理时，要将手里面的权力下放，大胆地将权力交到员工的手中，充分地将员工参与管理企业的主动性与能动性调动起来。

如果可以将权力与责任落实在员工身上，那么就能从根本上将被动管理的情况予以改变，让加入具体工作中的员工真切感受到自己在企业当中的位置，以便更努力地为企业工作，创造出优异的业绩。

4.要为员工做必要的指导工作

员工在具体的工作中，要把目标引擎放在首位，这利于将实现目标过程中遭遇的各类问题予以解决，而且在遇到新的、自己又解决不了的问题时，企业管理者要及时站出来，为员工做必要的指导工作，以免员工在前进过程中弄错方向，从而高效地将目标完成。

5.对目标引擎的引入范围加以注意

在实现具体目标的过程中，要寻得一个合适的切入点，最好将目标引擎用在所有在岗的工作人员身上。在开目标研讨会的时候，要让各个阶层的在岗人员都积极主动地将各自的意见提出来；负责执行的管理者应当按照岗位不同的各个人员提出来的意见，为他们设定切实可行的目标方案，促使他们产生目标意识，从而在工作中能够更好地将各自的目标完成。

6.在目标引擎的指引下对前行方案进行调整

因为这样或者那样的原因，企业的环境一直处在不断的变化中，之前的目标引擎方案如果已经难以向前推进，这个时候就要求企业按照现有的资源适当地对目标作出一些调整。在对目标的引擎方案进行调整时，要注意其是否可行，是否容易操作。要在这种原则的基础上，轻松将自己设置的目标完成。

总而言之，企业如果想要完成既定目标，就一定要借助事前设置好的目标逐渐前进，在目标引擎的引导下，寻得适用于自己的前进方案，然后持之以恒地坚持下去，直至将事前设定的目标完成。

缺少目标，企业发展无从谈起

当通用电气公司的杰克·韦尔奇想要实施一项变革或者实现一个目标时，就会利用自身优秀的表演天赋与演讲能力在公司的各个角落为员工们做宣讲。也正是由于韦尔奇的持之以恒，他所规划的每项变革最终都被顺利推行了，每个目标也都顺利实现了。因此，在他的成功之路上，清晰的目标绝对是不能缺少的一个因素。

有人对怎样组建一流的团队进行过调查，七成以上的团队成员都想让团队领导指明目标或者方向，将近八成的团队领导想让团队成员向着目标前进。由此可以看出，在团队建设过程中，目标具有相当重要的作用。只有保持清晰而明确的目标，才能够让人们见到希望的曙光。这样的目标不仅可以给予员工更大的动力，也能够让管理者对于企业未来发展的方向和趋势更加清楚。当然，如果企业想要追求远大的目标，首先要做的就是让员工树立起清楚的目标，唯有这样，团队合作才能够取得成功。

对于管理者来说，目标可以是其管理下属的一种方法。管理学家彼得·德鲁克曾经说过，并非拥有了工作之后才拥有目标，而是拥有了目标之后，才能将每个人的工作确定下来。任何一个团队都有属于自己的目标与任务，不管什么样的任务都一定要先转化成目标，最终才能得以实现。换句话说，让员工将任务转化成目标，然后逐一将目标实现，也就是逐一完成任务。更重要的是，在团队中，每个目标都应当是一致的，倘若方向不同，那么就极有可能产生争执。唯有逐一将每个目标实现，才能够完成团队的整体任务。

某部门经理常常因为实现不了目标而倍感头疼。虽然他每次都能清晰而准确地将目标传达给下面的员工，但是在执行的时候，还是会出现这样或那样的问题。为了解决这个问题，部门经理想过许多种方法，但是都没有取得理想的效果。甚至当他反反复复对目标进行强调的时候，下属还会表现出很不耐烦的样子。

后来，经理无意中发现下属们有个共同的习惯：吃完午餐之后都愿意坐在院子的石头上聊天。于是，他的脑海中突然出现了一个想法——将目标刻在石头上。刚开始的时候，人们看到石头上的文字都予以嘲笑。但是，没过多长时间，刻在石头上的目标就起作用了，下属们开始反思，彼此提醒："我这样做是否与目标有点不同啊？""你的目标实现了吗？"

同事之间，类似于这样的沟通多了，心里就装着团队的目标。更为重要的是，每个员工都开始认真制定目标，并且按照计划严格实行，如此一来，大家都朝着同一个方向坚持不懈地努力，工作效率大大增加，团队合作达到了最大化，进而企业收益也达到了最大化。

目标存在的作用就是为了让所有的员工都清楚自己的任务是什么，自己应当做些什么。唯有树立起清晰的目标，让员工往一个方向使劲，才能够帮助企业打开成功的大门。

虽然在石头上刻字对于激励员工来说是一个很不错的方法，但这并不意味着每一个管理者都能够使用这种办法，因为并非每一个管理者都有相同的院子与石头。然而，管理者在激励员工方面可以有相同的思维。只要擅长动脑，管理者就会找到一种属于自己的方法，激励员工，使之拥有清晰的目标。唯有员工树立了清晰的目标，管理者才能顺利实现目标。

管理者定的目标都是相对于员工的工作业绩而言的，所以，管理者确定目标时，一定要重点考虑员工的工作能力。唯有按照员工实际工作条件制订出与之相符并且可行的目标，才能更好地增加员工的工作动力，促使员工积极主动地去实现目标，最终实现企业预期的效果。管理者在定目标时，应当将企业当下的发展状况考虑在内，倘若企业发展得十分顺利，就能确定长远的目标，让员工知道唯有企业发展好了，员工才能获得更大的收获。

团队目标要明确，目标应当运用具体的语言，将要完成的结果说清楚。如果目标定得不清楚，团队成员就不能较好地对目标进行理解，那么，目标在实现过程中就会遇到不小的困难。企业定的目标应当具备一定的挑战性，这样才能给员工压力，让员工更有动力。如果员工觉得没有任何压力或压力比较小的时候，就说明此目标定得较低不利于团队发展。所以，压力必须要适当。有利于团队目标实现的压力，就是适当的压力。它不但可以将员工的工作热情调动起来，还能够将员工的潜能激发出来。此外，目标的实现还能够给每一个员工以及整个团队带来很大的成就感。

倘若管理者没办法判断出所定的目标能不能实现，那么目标实现的标准就会变得不甚明确。对于这样的目标，员工心中可能存在或多或少的疑惑，导致该目标难以实现。因此，管理者不可以让员工对目标认识不清楚，阻碍目标的实现。唯有员工清晰地了解目标，目标才有实现的可能。

除此之外，管理者定的目标还应当现实一些，并且具备可行性与可操作性，让员工明白通过自身的努力就能够实现目标。否则，就会使员工丧失信心。定的目标还要注意时间的限制，倘若无限期，员工会不当回事，管理者会感到非常着急，因此，在定目标的时候，要定下期限。

整合员工小目标，成就团队大目标

美国著名成功学大师戴尔·卡耐基曾经说过："团队成员最希望管理者能够正确地指引目标与方向，而管理者最希望员工能够坚定不移地朝着目标努力。"

从卡耐基的这句话中，我们很容易看出，在团队建设中，目标是多么的重要。目标是团队每一个人都会关心的，这不仅体现了团队的实力，也体现了个人的价值。于是，不少管理者认定拥有目标之后，付诸行动，就形成了团队，就可以战无不胜了。可是，你知不知道卡耐基还曾说过："对于团队而言，有了目标，有了行动，也并不代表着就一定有了希望，更不代表着就一定会成功。"

三只老鼠去偷油。因为油缸非常高，单纯地凭借一只老鼠的能力，是不可能爬上油缸的。于是，这三只老鼠通力合作，尝试了不少办法后，终于爬到了油缸顶边沿上。这个时候，它们发现，油缸里只剩下了一点油。

三只老鼠商量了片刻，最终作出了下去喝油的决定，尽管不能喝饱，但是好歹也能尝到油的滋味。可是油缸太高了，它们没有办法下到缸底，因此又选择了首尾连在一起的方法，如此一来，最下面的那只老鼠就可以够到油缸底喝油了。

三只老鼠原先决定先让第一只鼠喝，然后彼此交换位置，再让其他两只下去喝。然而，当第一只老鼠如愿喝到油之后，暗想道：

"油就剩下这么点儿，若是分着喝，谁也不可能喝饱。我今天太幸运了，干脆我就一下喝饱吧，别管它们两个了。"想到这里，它就不停地喝着油。

中间的老鼠看见最下面的老鼠一直喝个不停，心想："油就剩下那么一点点了，再这么下去，都让它喝完了，我就没的喝了。还不如将它扔下去，我也跳到缸底去喝吧。"想到这里，它就这样做了。

最上面的老鼠看到下面的那两只老鼠都到缸底喝油了，心中也急了："油马上就要喝完了，它们早就将我忘了，我还是自己跳下去喝吧。"想到这里，它也跳了下去。

结果，这三只老鼠都到了油缸底，虽然确实喝到了油，但却怎么都出不来了，直至油的主人回来后发现了它们，将它们打死了。

三只老鼠构成的团队既有目标，也付诸了行动，而且还将怎样登上油缸与怎样喝油这两个难题都解决了，但最终却被困缸底，丢了性命。追究其根本原因，就是团队成员追寻的小目标和团队的大目标不一样。

由此可以看出，团队只有长期远大的目标是不行的，还一定要与每一个成员的目标、期望值结合在一块，形成一个共同的目标。该共同目标可以将团队成员的内在潜能激发出来，实现将员工积极性全都调动起来的目的。与此同时，这个共同目标还要体现团队以人为本，给予个人足够的尊重。

1.团队目标要以人为本

管理者不但要对团队目标的实现加以重视，也要对团队每个成员的个人目标予以关注，要对每一个成员提出的合理要求给予容忍与接受，对每一个成员的个性差异给予尊重与帮助，使得团队目标与个人目标和谐接轨，才能够较好地促进团队的生命力更新以及战斗力得以增强。

张华年经营着一家中型规模的销售公司，公司的业绩持续升高，员工每天都热情高涨地投入到工作中。在总经理办公室的墙上，有一张非常大的白板，最上面是一排大大的字，清清楚楚地写着该公司的年终目标，下面还有不少小字，看起来密密麻麻的，这些均是每一个员工的姓名及其这一年的目标。

不同的员工有着不同的目标，有的想要升职加薪，有的想要与恋人结婚，有的想要攒够买房子的首付……

张华年之所以会在墙上写下公司的目标以及每个员工的个人目标，不单单是为了随时提醒自己要带头为公司的目标而努力，还要让自己经常看到每个员工的目标，并且将之记在心间。等到和某个员工进行沟通的时候能够"对号入座"，合理地对员工进行激励，使之努力地工作，将个人目标完成。

在对自己的管理方式进行总结时，张华年这样说道："倘若没有员工的齐心协力，公司就生存不下去了。所以，管理者有责任、有义务给予员工帮助，使之将各自的目标实现。倘若能够时刻对员工的目标予以关注，并且在适当之时真诚地给予其帮助，员工必然会万分感激，相较于管理者的帮助，员工会回馈给公司更多义务。"

2.团队目标要有利于实现每位成员的价值

团队的目标不应当仅仅是数字，倘若以完成任务就会奖励多少工资来激励员工，那么所能起到的激励效果是短期的。毕竟员工工作不单单是为了工资，也是为了实现个人价值。所以，团队要能科学地对成员进行激励，使其对自身价值予以寻找与实现，并且努力为每一个成员打造具备发展潜力的平台。比如，提供挑战性较高的机会或者工作，提供稍微有些弹性的工作时间，提供有着较强竞争力的激励方案等。在这种环境中工作，团队成员可以更好地体现出自身的价值，对团队的满意度会更高，同时也更容易实现团队的目标。

3.个人目标和团队目标发生冲突时怎样取舍

管理者可以竭尽所能地对下属的个人目标给予照顾，下属也能够费尽心思地融入团队中去。然而，终究是利益为先，个人目标与团队目标总有出现冲突或者产生矛盾的时候，这个时候应当怎样处理，考验着管理者的真实能力。

一般来说，管理者都希望员工能够为了团队利益适当地放弃自身的利益。可是员工却觉得自己得到的本来就不多，倘若再放弃，心中必然会很不甘，在接下来的工作当中会选择消极怠工，以便寻求心理上的些许平衡。

有的管理者坚持一切为了员工好的原则而不顾团队的利益，这也不是正确的做法。团队利益是每个团队成员的利益的保障，如果随便就将团队利益放弃，那么团队的生存就会变得愈发困难，唯有先保证团队可以较好地生存下去，才有保证团队成员利益的基础。

倘若团队都不存在了，团队成员还有什么利益可言呢？

明智的管理者在遇到团队利益与个人利益发生冲突的问题时，会认真而冷静地进行衡量，看看哪一方能够先做出牺牲，倘若是团队一方，管理者会十分果断地让利于员工；倘若是员工一方，管理者就要想方设法地将员工说服，使之暂时将自身的一部分利益予以放弃，待团队从困境中走出来后，再弥补员工的损失。

所以，当团队目标需要个体适当做出牺牲的时候，团队成员必须要具备牺牲的精神。如果团队中都是自私自利的人，那么必然不会成为优秀的团队；唯有愿意牺牲的个体才是优秀的团队，而员工的这种牺牲精神，一定要由管理者有意识地进行培养和引导。此外，管理者千万不要否认员工所做出的贡献与牺牲，要肯定要赞扬，要与员工一起分享团队获得成功时的喜悦。

按目标管理，将工作量化

随着计算机越来越普及，企业管理系统化不再是梦想，而有了实现的平台，对于一般事务的管理，企业都能借助计算机完成。不少企业从"办公自动化"开始，将企业的入、供、销、存列进去，之后又将"企业资源计划"与"客户关系管理"实现计算机管理。计算机实现了"量化"，企业也采用"量化"的理念来做管理，对生产经营的策略进行调整。

随着社会的不断进步，在企业经营运作的过程中，人所起到的作用一天比一天重要，企业在对人的管理中愈来愈宽松，愈来愈人性化，愈来愈重视充分地将人的主观能动性发挥出来。企业当中的任何一个人都拥有充分的自由与空间，这对于企业管理与经营的创新有着极大的帮助。随着这种认识的不断加深，对我们创造高效率的企业管理团队，将员工业绩从一般带到出色，从出色带到卓越，提供了良好的基础与很大的可能。

优秀企业有三种目标管理：第一种是企业工作结构分解，要求企业的内部人员自上而下对目标进行分解，不可以留空任何一个环节；第二种是标杆法，不对自己企业的目标进行分解，而是直接采用行业当中最出色的某个企业的岗位目标来充当这个企业对应岗位的参照目标；第三种是战略方法，具体可以分成两大类，一类为效益目标，也可以叫作结果类指标，另一类为管理指标，也被叫作过程类指标。

一般来说，在这三种目标管理方法中，最常使用的是第一种。最出色的企业会将第二种目标管理方法作为其考核标准，不过，这种方法会给员工造成非常大的压力。当一个企业已经顺利地解决了生存压力，想要寻求长远的发展时，应当采取第三种目标管理方法，即战略方法。

所谓"企业工作结构分解"，指的就是给企业的某一项任务制订定量指标，分解到每一个地区的分公司，地区的分公司再对接到的指标进行分解，使之到达所属工厂，工厂还要再次分解，使之成为班组的指标，最终分解成岗位指标。将任务分解成岗位指标之后，叫作"工作包"，"工作包"是不可以再次进行分解的最小业务单元。

为什么要将工作分解成最小业务单元呢？是为了防止企业当中发生岗位和岗位之间的互相交叉、相互重叠、相互推诿以及相互扯皮的现象，这在不少企业当中都属于一种常态化现象。而导致这种不好的现象的原因，就是管理者没有科学而有效地对工作进行分解，进而导致任务边界不清不楚，工作效率降低，这并非下属的问题，而是管理者的失误。

然而，企业管理是极其错综复杂的，并非依照葫芦画出瓢就能够将所有事情都做好的，总会有特殊情况的出现。许多时候，虽然各级管理者都已经充分对工作进行分解，使之变成了一个个不能够再进行分解的最小业务单元，可是倘若一个"工作包"并非由一个人来负责完成，而是涉及数个员工，甚至还要跨部门的时候，还是非常容易出现这样或那样的问题的。

某生产部经理询问员工甲："为什么你没能按时将工作完成呢？"

员工甲回答说："我找乙领材料，去了三次才将材料领到，这样就耽误了很长时间。"

生产部经理又问员工乙："为什么甲来找你领材料，来了三次，你才将材料给他？"

员工乙回答说："这都是因为丙采购晚了，跟我一点儿关系都没有。"

生产部经理又问员工丙："你为什么会采购晚了呢？"

员工丙回答说："因为财务部的丁没有及时将所需要的钱款拨给我呀。"

生产部经理又问员工丁："你为什么没有及时将钱款拨给丙呢？"

员工丁回答说："那个时候，咱们账面上正好没有钱了。"

通过这个案例，我们很容易看出来，生产部经理仅仅是对本部门员工甲的工作效率进行考核，发现问题之后，就对其为什么没能按时将工作完成进行询问，结果却将很多人——材料部的员工乙、采购部的员工丙以及财务部的员工丁——都牵连出来，这些人都觉得不是自己的错，而且他们也确实没有做错什么，因为此事的症结在于管理者身上，是因为管理者管理不科学、不到位造成的，公司账面上没有钱，员工肯定就没有办法及时而高效地执行任务了！

所以，尽管企业可以对工作进行分解，使之变成一个个最小业务单元的"工作包"，但是仍然不可以安枕无忧、麻痹大意。要将执行过程中的监控工作做好，针对每一个步骤，及时地发现差错，而不是像上文案例中的生产部经理那样，所有的工作都已经做完了，才在考核的过程发现问题。本案例虽然仅仅涉及了一个很小的问题，即完成工作的时间推迟了，但是倘若是一个很大的问题呢？这个问题与企业的发展壮大，甚至与企业的生死存亡息息相关呢？所以，管理者对问题反应缓慢，那么企业肯定长久不了，必定会快速地走向衰亡。

用好全面预算管理，轻松实现战略目标

古人云："凡事预则立，不预则废。"这句话的意思是：不管做什么事情，事先做好准备，就能够获得成功，否则，就会失败。当下，我国的中小企业的管理经常处在一种自然发展的状态中，没有目标，也没有计划，任由企业自由发展，企业发展到什么地方就到什么地方，而企业管理者所作出的决策往往是以自身所掌握的为数不多的资料作为依据，按照自己主观的判断，拍脑袋行事的。不少企业管理者经常会产生这样的困惑：企业有着繁多杂乱的项目与数量众多的员工，平时的管理工作量非常大，只能被迫疲于应对，根本不清楚企业究竟处在一种什么样的状态中，没有办法进行高效的管理。

现今，很多公司会制订出年度预算，即每每到了年度预算的时候，很多高管聚集在一块凑一下数据，第二年的年度预算就这样出来了。而这样草率而盲目的预算，常常会使其和企业的真实情况产生非常大的差距。

企业经营过程当中的日常管理、生产情况、业务情况以及财务情况，如果都处在一种随机的状态中，倘若每个模块都进行了非常明显的分割，那么就没有办法及时地显现出企业的具体运营情况，由此造成企业各个部门在执行任务的具体过程中产生了各种各样的矛盾或者相互推诿、彼此扯皮，最终项目进度不得不被中止，甚至流产，企业的战略目标就没有办法实现。这是因为未曾实施全面预算管理所造成的结果。

其实，对于现代企业而言，全面预算管理已经成了不能缺少的至关重要的管理模式。美国管理学家戴维·奥利指出："全面预算管理是一种数量不多的可以将组织的一切关键问题都融合在一个体系当中的管理控制方法。"

在近些年汽车市场迅速变化的相当大的挑战下，北京加达汽车服务有限公司作出了对公司的管理体系进行改进的决定。因为大家都知道财务软件的作用，所以这家公司曾经想要对财务软件加以利用，来做预算与管理的工作。可是，从测试的最终结果来看，效果并不好。

因为财务软件仅仅是对事后财务数据作出总结性的分析，仅仅是给出一个结果，这非常不利于管理效率的提高。而且财务管理当中企业的预算属于单项预算，比如，收入预算或者费用预算，并不包含财务预算、业务预算及资本预算等的总预算，没有完美无缺的信息系统予以支持，不能够有机地把组织经营的各阶段联系起来，从而导致管理层无法对全局作出科学的预测。由此，可以肯定的是，财务软件没有办法解决事前预见与事中控制环节。如果站在管理的角度来看，就能看出来事前、事中不仅是日常管理上最为薄弱的环节，而且也是管理过程中最容易出现失误的地方，需要随时进行跟进与完善。从这些方面来说，唯有全面预算管理软件能够给予公司帮助，使其不再出现这方面的漏洞，很好地将事前预测与事中控制的问题予以解决。所以，加达公司的管理者站在企业发展战略的角度上考虑，作出了引入汽车行业全面预算管理系统软件的决定。

全面预算管理通过资金、信息、业务与人才的整合，对适当的分权、授权以及战略驱动的业绩评价等加以明确，合理配置企业的资源，将企业的实际需要真实地反映出来，从而为战略贯彻、作业协同、经营现状以及价值增长等方面的最后决策提供了有力的支持。

对于众多大中型公司来说，全面预算管理是非常有效的战略执行工具。

第一，全面预算管理帮助公司清楚明白地提出了全年度的运营目标与方向，让企业有了非常明确的方向与目标。

第二，因为全面预算管理牵涉公司每一个分公司或者子公司与部门以及各项经营活动，它的有效实施不仅帮助各个分公司或者子公司与部门将具体可行的努力目标确定了下来，而且也创建了它们一定要一起遵从的行为规范，极其有效地对整个业务流程进行了规范。

第三，全面预算是一种非常有效的事前、事中、事后控制的工具。它可以非常方便地使管理层在流程中对业务执行的具体情况进行控制与监督，及时将执行过程中出现的偏差找出来，并且将偏差的大小确定下来。在执行流程中，预算是进行管理监控的基准与参照。

第四，在企业的绩效管理中，全面预算管理为其提供了非常有效的考核依据。

总而言之，全面预算可以在很大程度上相当有效地推动企业管理水平的提高。

作为一种至关重要的管理工具，全面预算管理不但成为很多世界500强企业必不可少的管理工具，而且也成为许多大中型企业最为常用的一种管理工具。通过合理地运用全面预算管理工具，可以有效促使企业运营的全过程监控得以增强，很好地对企业可能遭遇的各类风险予以防范，全面促使管理效率得以提升，从而实现企业的战略目标。

让每个员工头上都顶着"任务"

在企业的工作岗位上，企业目标和员工的个人目标之间有着十分复杂的联系。在执行目标任务的时候，公司应该先将总目标写在一张纸上，形成一个"目标框架表"。与"目标框架表"上面的数据结合起来，在相应的位置中记录下每一名员工的目标任务。如此一来，整个企业、整个部门的目标数据就可以从每一名员工的身上体现出来了。

当然，在此以前，需要先开一个目标讨论会，并且在会议当中将上下级目标数据之间的责任和范围明确下来。

另外，企业在实现总目标的时候，应当给员工一个机会，让员工参与其中，让员工将自己的想法与意见表达出来。对于员工提出的确实可行的方案，领导者应当积极采纳，并且将其列入会议的章程当中，从而最大限度地将员工的智慧与潜力激发出来，为实现企业的总目标奠定良好的基础。

在早高峰期间，S公司的不少员工都在急匆匆地往公司跑，心中担心会由于迟到而对自己的绩效考核成绩造成不良的影响。然而，打完卡以后，有几名员工转身走了出去。

原来，这几名员工因为早晨来得过于匆忙，尚未吃早饭，如今已经打完卡了，所以就去买早点了。不过，说是去买早点，他们也差不多要一个多小时才会返回自己的工作岗位。公司中午用餐的时间为一个小时，有一部分员工常常要迟到半个小时才能返回办公室工作。

对于这些违背公司规定的行为，并不容易管理。因为他们均是打过卡的，因此并不会对他们的绩效考核造成什么影响，总经理也不知道应该如何应对才好。

有一次，总经理去外地旅游，在一个景点偶然与一位管理学家相遇。总经理问道："管理学家，我的公司中有不少烦心事，比如，有些员工喜欢偷懒，我不知道该如何管理他们。"

管理学家满面笑容地回答道："你肯定听说过三个和尚没水喝的故事吧，你知道为什么三个和尚会没水喝吗？"

总经理回答说："因为这三个和尚都想偷懒，所以最终才会没水喝。"

管理学家摇了一下头，说道："不对！真正的原因出在他们的目标上，倘若他们的目标是看哪个人打水打得最多，而不是对哪个人花费最多力气斤斤计较，他们就不会出现没有水喝的问题了。同样的道理，你的员工之所以选择偷懒，问题也出在目标上。你应当让公司的目标变成他们的目标，让每一个员工的头上都顶着'任务'，那么即便你不对他们进行管理，他们也会认认真真地去工作的。"

总经理又问道："但是，我应当如何做才能将公司的目标变成他们每一个人的目标呢？"

管理学家回答："你以前肯定买过东西吧？你买东西时也会讨价还价吧？也有过上当受骗的经历吧？正是由于买卖双方都过于斤斤计较，才会发生这样的事情。倘若你不去弄那些虚的东西，仅对他们说多劳多得，你认为他们是否还会总想着偷懒呢？"

听到这里，总经理醒悟过来。由于公司中许多事情都是以小组为单位来安排的，而小组的利益与员工个人利益并没有十分紧密的联系，因此管理起来才会很不容易。听了管理学家所说的话后，总经理对每一名员工所要承担的责任进行了细分，并且明确地告诉他们，细分的目标便是你们每一个人所要完成的目标，同时也是你们能够拿到多少薪水的标准。

从那之后，员工偷懒的现象基本上消失了。

如果一个企业想要实现总目标，那么肯定要有员工的参与，而员工的每一次参与，都会让企业多一分活力，多一分力量，同时也会多一分成功的可能。

1.要理解目标，设定目标

一名合格的管理者，必须要明白，企业要想获得良好的发展，就一定要借助于整体目标。而整体目标要想实现，就应当通过细分的方式，将目标数据分配到每一名员工的身上。其次，管理者应当给每一名员工设定一个可以操作的目标，员工们才能更好地将目标数据完成。

2.要认真考虑员工的立场

如果企业想要稳步上升，就应当认真考虑员工的立场，因为员工的立场会对企业的目标数据产生直接的影响。员工的地位，不仅会对员工的力量起着决定性的作用，而且也会对员工的积极性与思考力产生很大的影响。员工有了一定的地位后，也就有了为工作而坚持不懈努力的动力。因此，管理者在设定企业的目标数据时，必须要从员工的立场出发，积极主动地让员工加入其中，从而更加有效地实现企业的总目标。

3.给员工设定目标时要充分讨论

管理者在将明确的目标下达给员工的时候，应当以员工的工作范围作为依据来对其目标进行设定。在对目标进行设定之前，管理者应当从总目标的角度出发，充分与相关人员进行讨论，将彼此之间的关系明确下来，使目标的实现更加高效。

4.让员工在总目标的基数下对自己的目标进行设定

管理者可以在员工对企业总目标的基数有所了解之后，让员工以自身的能力作为依据，设定一个与自己能力相符的目标。在员工将自己的目标基数设定出来之后，管理者可以以员工的具体情况作为依据，适当地作出一定的调整，以便员工能够最大限度地将自己的目标数据完成。

5.帮助员工找出解决的方法

员工在实现目标数据的过程中，可能会碰到各种各样解决不了的问题。在这种情况下，管理者应当积极主动地伸出援助之手，帮助员工找到合适的解决办法，帮助员工摆脱困境，尽量促使每一名员工的目标数据都得以实现，这样才能更好地促使企业目标的总数据得以实现。

6.将实现目标所需要的知识与技能列出来

实现目标的过程并非一帆风顺，是会遭遇诸多挫折的，这个时候，就需要管理者或者员工将实现目标所需要的知识与技能列出来，有针对性地去补充与完善，促使自己的目标得以实现。

7.员工的目标应当以书面化的形式记录下来

当员工将目标设定好了之后，还要将目标的完成日期写出来，并且采取书面化的形式记录下来，这非常有利于目标管理的规范化。与此同时，将目标以书面化的形式记录下来后，不仅不会再出现什么疑虑与争论，而且还能够十分有效地对目标进行检查与考核，同时也有助于依据实际情况对目标进行修订。员工的目标数据以书面化的形式记录下来后，要一式两份，一份交给部门经理保管，一份交给员工自己保管，双方可以相互制约，从而促使员工更好地将自己的工作完成。

8.将目标具体化、数量化

如果企业想要高效率地将目标完成，那么就应当将目标具体化、数量化。举个例子，销售部的部门经理，应当结合目标数据，告诉每一名员工应完成具体数字，让其在具体时间内将各自的目标任务完成。当一名员工的目标任务具体化、数量化以后，销售部才有可能实现总任务完成，企业才有可能获得良好的发展。

9.为目标差距寻找解决的办法

当部门经理将部门目标具体化、数量化，并告知每一名员工以后，员工虽然也努力了，但最终并没有将目标实现。在这种情况下，部门经理就应当向员工伸出援助之手，帮助其寻找现存的资源与条件，通过目标差距的对比，找到科学而合理的方法弥补差距。

10.对团队目标加以重视

当部门经理将个人目标当成团队目标之后，所有成员才会全力以赴地朝着团队目标的方向努力，并且利用一切可能来促使团队的目标数据得以实现。大量的实践证明，如果企业想要获得良好的发展，就一定要对团队目标加以重视，并且将其分配到每一名员工身上，使其头上都顶着"任务"，只有员工坚持不懈的努力，最终才有可能实现企业的总目标。

11.让每一名员工都加入目标的设定中

管理者在设定目标的时候，要让企业中的每一名员工都加入其中，因为企业组织要想发展，是不可能离开个体的参与的，缺少了个体参与，企业就很难实现其总目标，更难获得持续的发展。因此，管理者在对相关目标进行设定或者对某个目标予以实现的时候，千万不要让员工单打独斗，要相信团队当中每一名员工的力量，唯有大家一起努力，才能更好地实现企业的总目标。

第三章

沟通管理

——简化沟通，交流有奇功

常沟通，便于解决问题

古人云："同心之言，其臭如兰。"唯有经常沟通，善于沟通，才能够听见同心之言，才能够内心舒畅，感到满足。在实施管理的过程中，管理者只有经常与员工进行良好的沟通，才能够让员工心甘情愿地接受管理，认认真真地工作。

什么是沟通管理？沟通管理，就是指为了实现一定的目的，在特定的人或者群体之间传递思想、信息与情感，并且使这些人达成一致意见的过程。沟通中不仅有自然科学的内容，也有社会科学的内容，在实施管理的过程中占据着至关重要的地位。倘若沟通上出了问题，那么即便管理方法再科学，也会遭遇挫折。而如果经常沟通，使沟通保持顺畅，那么就算出了什么小摩擦，也能够快速地解决。

沟通并非生下来就懂得的，它是一种需要不断学习才能够掌握的能力。它需要把一个人自身的知识、表达能力以及行为能力结合在一起，充分地发挥出来。企业是由管理者与员工一起构成的，此二者是否能够在思想上达成共识，会对企业的竞争力产生直接的影响。所以，企业管理者所具备的沟通能力如何，是决定其是否能够管理好企业的关键因素之一，丝毫不能马虎。

在对企业进行管理的过程中，沟通究竟有多么重要呢？这主要表现在以下三个方面：

第一，良好的沟通不仅可以帮助管理者化解与员工之间的矛盾，也能够帮助员工更好地理解管理者做出的决策。

第二，管理者经常与员工沟通，可以及时发现企业中存在的问题，抓住事物的本质，不被其表象所迷惑，从而大大降低犯错的概率。

第三，管理者经常与员工沟通，可以使企业内部保持和谐的环境，使员工之间团结一致，使企业从整体上呈现出积极向上的状态，使企业文化保持积极健康的状态。

作为一名管理者，光能为企业做出正确的决策还不够，因为决策只是企业管理的一个方面，而能够快速地将该决策执行下去则是另外一个方面，并且是相当重要的一方面。若想让员工准确理解管理者做出的决定，减少各种矛盾的发生，保证企业快速健康的发展，就需要管理者与员工之间、员工与员工之间经常沟通，了解彼此真实的想法，从而高效地完成工作目标。这个沟通过程，就是管理者与员工之间传递消息的过程。只有管理者与员工之间、员工与员工之间都沟通顺畅了，企业内部才能保持和谐，共同努力，将企业做大做强。

不管哪一个快速发展起来的新兴企业，它们最初都是规模很小但内部却十分团结的，管理者与员工之间犹如一家人般，这便是经常沟通的结果。为什么这些企业的员工总是满怀热情、干劲十足地投入到工作中？就是因为他们的心与管理者的心是紧紧连在一块的，可以使自己内心真实的想法与外在的表现达成一致，将最强大的能量发挥出来。

倘若企业出现了沟通不畅的问题，就会变得十分麻烦。新员工或许由于没有全面地了解企业，依旧处在适应期，对企业并没有很高的要求，因此还没有太大的问题。可是，老员工就不一样了，一旦沟通出现了问题，老员工就可能出现这样或者那样的问题。

首先，老员工已经工作很长时间了，管理者制订出决策以后，倘若没有与他们进行良好的沟通，这些老员工就有可能理解不了这个决策。尽管老员工可以十分熟练地完成工作，但也容易墨守成规、故步自封。相较于新员工，他们虽然多了经验，却少了创新精神和变革的精神，可是他们仍然是企业的中流砥柱，一旦这些老员工的情绪出现了问题，就会在很大程度上影响企业的发展。

其次，老员工可能会出现倚老卖老的问题。不管在什么样的团队中，新加入的人的地位往往比不上老人的地位，这是一个不争的事实。老员工为企业辛苦工作了很长时间，没有功劳，也有苦劳，这一点毋庸置疑，但是倘若老员工以此作为依仗，瞧不起新人就有些过分了。沟通不顺畅就会导致企业内部出现矛盾。因此，作为一名合格的管理者，必须要经常与员工沟通，将员工之间的关系协调好。同样的，老员工依仗自身的资历，或许不愿意听从管理者的管理，或者不满意管理者的新决策，以至于做出消极怠工或者别的对企业不利的行为。倘若管理者没有与之进行良好的沟通，企业就会出现大麻烦了。

再次，老员工的思想不仅容易出现因循守旧的问题，而且可能会缺乏对新鲜事物的兴趣与热情，会对企业的发展造成阻碍，倘若不能通过沟通的方式来改变他们的这种想法，那么对企业会产生不利的影响。

最后，老员工之间还可能会形成一定的帮派势力，倘若企业中的员工帮派林立，新加入的员工就一定要进行"站队"，倘若不"站队"，就会被各个势力攻击，这会让新员工非常烦躁，给企业带来十分大的危害。

另外，老员工可能会对自己的薪资不满。通常，新员工在进入企业前，已经知道薪酬多少。但老员工就不一样了，他们或许对自己的薪资有各种各样的问题，倘若管理者不能与他们进行良好的沟通，他们极有可能会对企业生出不满的情绪。而这种不满的情绪压抑的时间长了，他们极有可能会选择辞职离开，这将会给企业带来不小的损失。

管理者在对企业进行管理的过程中，不怕出现别的问题，就怕出现沟通问题。企业中既有各级管理者，又有众多员工，难免会出现这样或者那样的问题。而解决问题最关键的就在于沟通，只有进行良好的沟通，才能够使众人的意见达成一致，才能够顺利地将矛盾与冲突解决。

对于管理者来说，最难管理的并非是员工的行为，而是员工的心。在实施管理的过程中，经常会遇到管得住员工的人却管不住员工的心的问题。如果想要稳住员工的心，光靠管是远远不够的，必须要经常与员工沟通。这就好比治理洪水，单纯地依靠堵是不行的，必须要经常疏导。在实施管理的过程中，沟通便是疏导，便是顺势而为。

沟通上出现问题，是所有麻烦出现的根源。沟通上出现了小问题，企业早晚会出大问题，而经常沟通，使沟通保持顺畅，企业就能够顺利将各种困难解决，迅速而稳定地前进。

微笑，最简单有效的沟通方式

在这个世界上，有一种语言是全人类通用的，它的名字叫作"微笑"。笑容拥有巨大的魔力，可以感染身边的每一个人，使人和人之间的关系变得更加友好和睦。一个美国企业家曾经说过："笑容可以将每一个看见它的人照亮，犹如穿过乌云的太阳一般，给人们带去温暖。"微笑是这个世界上最美的语言，尽管没有任何声音，但却是最能打动人心的。

王楠成功应聘了某公司的经理之职，但是他走马上任没多长时间，就发现了一个问题：每次公司开会的时候，只要他出席，参加会议的人就变得非常紧张，都很害怕发言。他的心中非常不理解，在认真进行了了解之后，终于将其中缘由弄清楚了：他的神情过于严肃，总是板着一张脸，让人见了就觉得害怕。从此之后，他就从"脸"的改变做起，常常站在镜子面前练习微笑。跟下属在一块的时候，尽可能地让心情处于放松的状态，与下属谈笑风生。过了没多长时间，在他主持或是出席的会议上，大家都不再那么紧张，也开始积极主动地发言了。对此，王楠产生了非常深刻的感触：管理者的脸到底是冷若冰霜还是笑容满面，其效果真的有很大的差别。

微笑所表达的含义是肯定、赞同、表扬，是理解、宽容、关心。管理者对下属露出微笑，就会让下属从内心深处产生一种"我很重要"的感觉，很好地将管理者与下属之间的陌生感消除，有效地拉近了双方之间的距离，增强了双方之间的感情，使矛盾得到了很大的缓解，有效地传达了感情与关心，大大地振奋了人心，鼓舞了士气。从这个意义上来说，作为一名管理者，如果不懂得微笑，就会对内部的精神氛围、人际关系以及办事效率造成不良的影响。

杨树是某公司的老板，尽管他的年纪不是很大，但却基本上拥有了成功男人应当拥有的一切优点。他有着远大而明确的人生目标；有着深沉而圆润的噪音，说起话来总是能够切中要害；拥有战胜一切困难的决心与信心；他走起路来总是大步流星，在工作的时候也是雷厉风行，办起事情来干脆利索，他总是表现出一副朝气蓬勃的样子。与此同时，他总是认真地投入生活，真诚地对待下属，凡事都能公平对待，与他深入交流过的朋友，都会为有这么一个知己而骄傲。然而，第一次见到他的人却很少会对他产生较大的好感，这让熟知他的人都非常惊讶，有些不能理解。这到底是怎么回事呢？原来他总是喜欢板着脸，几乎没有露出过笑容。

平时，杨树总是一副目光炯炯、嘴唇紧闭、牙关紧咬的样子，就算是在十分轻松的社交场合也是这样。在热闹的舞池中，他的舞姿是那样的优美，几乎令在场的每一位女士惊艳、动心，但是却很少有人跟他一起跳舞。公司的女员工见了他更是像老鼠见了猫一般，男员工认同与支持他的人也不是很多。实际上他仅仅缺少了迷人的笑容而已。

微笑表达了一种异常美好的情感，能够给人以亲切与温暖，整天摆着一张严肃面孔的人是很难招人喜欢的。倘若你想要成为一名受人尊重与欢迎的管理者，那么千万不要忘了微笑这种最简单最有效的沟通方式。

微笑是一种特殊的润滑剂，可以帮助你建立优良的人际关系，恰到好处地调节各种矛盾。微笑犹如太阳，可以给下属送温暖，给下属留下一个好印象，使他们觉得你是一个谦和、宽厚、平易近人的领导，从而缩短你与下属之间的距离。

阿尔米公司是一家经营钛产品的联合企业。几年前，阿尔米公司的经营成绩要低于一般水平，生产效率与利润也都非常低。可是最近5年来，这家公司却取得了令人瞩目的成功，这是为什么呢？原来这都要归功于该公司实施了一项积极重视人的生产效率的计划。

"大块头"吉姆·丹尼尔当了总经理之后，严格执行了这项计划。吉姆·丹尼尔原本是一位职业橄榄球员，在克利夫兰的布朗队做过队长。这项计划被《华尔街日报》生动地形容为"一个由感天动地的口号、彼此交流与满脸笑容构成的大拼盘"。工厂中处处都能看到这样的告示："如果你看到谁的脸上没有笑容，那么就请你对他露出微笑吧！""如果不能得到员工们的喜欢，那么将会一事无成。"

阿尔米公司还以一张笑脸作为其标志，不管是在信笺上、厂门口，还是在厂徽与工人的安全帽上，都能看到这张笑脸。吉姆·丹尼尔拿出大量的时间巡视整个工厂，他逐一与工人们打招呼，说笑话，认真倾听工人们的意见与建议，与工人们以兄弟姐妹相称。

除此之外，他还花费了大量的时间关心工会方面的事务。当地的工会主席说道："他让我们参加各类会议，让我们对工作的发展有所了解，这在其他行业真的是从来都没有听说过的呀。"

这么做所带来的结果就是，在最近3年中，基本上没有增加任何投资，而生产率却提升了80%左右。

微笑管理是使生产力得到提高的一种手段。站在管理者的角度来看，企业推行微笑管理，不仅可以将管理者的宏大气度表现出来，而且在产生矛盾的时候，也能够帮助双方恢复理智，将干戈最终化作玉帛。微笑管理也是对下属进行鼓励与赞扬的重要方式之一，当下属做出较好业绩的时候，管理者的微笑意味着认可与赞扬，下属可以从管理者的微笑中感受到莫大的鼓舞，得到很大的精神力量，并且焕发出非常高的工作热情。站在下属的角度来看，当管理者适当地使用微笑管理的时候，一张充满如春风般笑容的脸可以间接将下属的紧张以及对抗情绪消除，并且带着一种十分轻松的心情投入到工作中，做起事情来自然会干劲十足，做事的效率也是相当高的。

总而言之，微笑是最简单最有效的沟通方式。作为一名合格的管理者，千万不要吝啬你的微笑，因为它不仅可以让下属的心情变得很好，让你本人开心起来，而且还能够为企业创造出一种宽松、健康、和谐的企业文化氛围。既然这样，你为什么不去做呢？

与多说相比，多听好处多多

古希腊数学家、哲学家芝诺曾说过一句非常有名的话："我们天生就有一条舌头与两只耳朵，以便我们听得多一些，说得少一些。"人都应当多听少说，作为管理者更应当如此。

王经理听说小赵这两天又请假没来上班，不免有些生气。这一天，王经理把小赵叫到自己的办公室。

王经理说：小赵，你这段时间请假过于频繁，该你处理的工作都堆成山了。

小赵说：经理，我知道最近我请假比较多，您听我解释，我去外地了。

王经理说：我不想听你的解释。去外地？是去见你女朋友？还是去哪玩了？我不管你去干什么，你总不能耽误工作吧。

小赵说：是，经理，我知道这点我做得不对，您先听我解释，我……

王经理说：打住！我说了我不听你的解释！你只要按时完成你的任务，至于其他的，我也管不着。

王经理的这种管理方式是不可取的。他没有足够的耐心听小赵的解释，完全凭着自己的想法做事，认为小赵没有将工作完成，就应该受批评。这样的领导既缺乏度量，也缺乏人情味。也许小赵是因为家里的老人生病了，也许是出了什么万分紧急的事情需要小赵去处理。但是王经理这种"不听解释"的态度，就将小赵在工作中的所有努力都抹杀了，会令小赵心生不满，进而影响工作的。

在企业管理过程中，管理者需要倾听员工的声音，了解员工的需求。如果管理者一味地去说自己的想法，盲目地领导、指挥员工，那么就会让员工对管理者失去信心，使管理者失去群众基础，出现这样或者那样的问题，甚至还可能使企业的经营运转出现很大的危机。

要知道，管理者想要做好与员工的沟通工作，就必须先学会倾听员工的心声。在绝大多数的员工的心中，存在着非常重要的等级观念。他们觉得，管理者是上级，自己是下级，管理者地位高，自己地位低。因此，在这种心理的影响下，员工根本就不敢和管理者沟通。而有些管理者在管理员工时，总让员工觉得一副高高在上的样子，让员工产生畏惧的心理。尽管管理者和员工都有倾诉的欲望，但由于这种身份上的不同，造就了心理上的差距，使得员工不敢沟通，在这种情况下，如果管理者不主动和员工沟通，那么只会让管理者与员工之间的沟通渠道受阻，双方之间产生诸多矛盾，最终影响企业的经营效益。因此，在遇到员工有意见不敢提、有问题不敢问的情况时，管理者就要采取适当的方法，打消员工的顾虑，主动与员工沟通，认真倾听员工的想法，拉近与员工之间的距离。

管理者倾听员工的声音，有利于了解和掌握企业发展中的更多信息。在和员工沟通的时候，管理者可以不时地和员工互动，表示你对员工说话内容的关注，这样可以鼓励员工充分、完整地表达自己的观点和想法。管理者通过倾听，能够了解员工的性格、态度和想法，在以后的工作中，会有针对性地对员工进行培养和接触。

不懂倾听的管理者，是没有办法有效地与员工进行沟通的。而懂得倾听的管理者，会将倾听当作一把钥匙，打开与员工间的沟通之门，然后在倾听的过程中捕捉有价值的信息，找出很多新的话题，从而使双方的交谈能够顺利地持续下去。

与此同时，管理者通过倾听还能够从员工所说的话中了解下属当前与未来的各种需求。唯有掌握了情况，才能真正地将问题解决，从而促使员工的工作不断地得到提升，也促使员工实现自己的目标。

对于管理者而言，倾听不仅是其管理工作的基本功，而且也是其一定要用心开发的一项基本技能。当然了，通过认真学习，管理者是可以获得有效倾听这项技巧的。

1.表现出专心致志的倾听态度

管理者需要采用某种友好的面部表情、某个比较放松的姿势、眼睛的接触以及令人舒服的语调等非语言行为，塑造一种积极的氛围。倘若表现出放松、留意、专心，那么员工会觉得更加安全，产生被重视的感觉。

2.站在对方的角度去倾听

员工在表达自身的想法时，可能某些看法或观点会不符合公司的利益、管理者信奉的理念。在这种情况下，管理者先不要着急和员工争辩，而应当认认真真地听他说他的这些看法，看看这些看法是怎样得来的，其他的员工是否也存在着类似的看法。为了更好地了解这些情况，管理者不妨换个角度思考问题，站在对方的立场去考虑，为员工的利益着想，如此一来可能会发现一些自己从前未曾注意到的问题。

3.不要与员工的距离太远

倘若管理者在与对方沟通时，与员工保持太长的距离，或者将头颅高高扬起，俯视着员工，那么就会让员工产生一种被疏远、被压迫的感觉，员工也很难完全将自己的心扉敞开，与管理者进行交谈。管理者要靠近员工，身体微微地向前倾，这样做对员工而言是一种鼓励的姿势，表明管理者正在认真听员工讲话。

4.将员工的讲话听完后再发表意见

管理者在倾听员工的话时，要等员工将所有的话都讲完后，再将自己的意见表达出来。因为管理者或许还没有完全理解员工的话，如果盲目地下结论肯定会对员工的情绪造成不良的影响，甚至让员工对管理者生出埋怨或愤恨的心理。

说话简短直接，让人更易理解

著名诗人刘禹锡在《陋室铭》中说："山不在高，有仙则名。水不在深，有龙则灵。"其实，人与人之间的说话也是这样，话不在多，简短直接即可；语言无须华丽，只要一语中的就行。在现代管理中，管理者有时说了一大堆，员工也没明白他要表达的是什么。语言在精而不在多，与人沟通时，说话简短直接，反而更容易理解。

在著名的古典小说《镜花缘》中，唐敖、林之洋与多九公去酒店吃饭，酒保一时大意，给他们送上来了醋。林之洋刚刚喝下那杯酒，双眉不觉地皱了起来，流着口水，捧着下巴，高声喊道："酒保，弄错了！你拿上来的是醋！"

这时候，旁边一名驼背的老儒赶紧劝说道："先生听者：今以酒醋论之，酒价贱之，醋价贵之。因何贱之？为甚贵之？真所分之，在其味之。酒味淡之，故而贱之；醋味厚之，所以贵之。人皆买之，谁不知之。他今错之，必无心之。先生得之，乐何如之！第既饮之，不该言之……"

唐敖与多九公听了他的话，都笑了出来。林之洋说道："你一连说了这几十个'之'字，都是一派酸文，每一句都犯俺的名字，将俺的名字都弄得酸溜溜的了。你愿意说就说吧，反正俺也听不明白。"

实际上，这老儒就是在告诉林之洋，相较于酒，醋要贵一些，酒保既然错误地给你送上来了醋，你就别说话了，以免他跟你多收钱。用了几十个"之"字啰唆了一大堆，就说了如此简单的意思，也不怪林之洋等人会有那样的反应了。

语言之精髓，在精而不在多。口才不好之人，常常是那些说话啰唆的人，喋喋不休地说了一大堆，却没有将主旨说出来。实际上，如果管理者想要与下属进行有效沟通，就一定要让自己的语言简练一些，要用最短的话让下属明白你所表达的意思。

人们常说："有话则长，无话则短。"可这并非真正的简单，真正的简单应该是："有话则短，无话则不说"。简单就意味着直截了当、不拖泥带水。

美国总统哈里·杜鲁门一辈子都无比推崇简短的语言，他曾经这样说道："一个字可以说明问题，就不要用两个字来表达。"而这也是不少优秀管理者所认可的。

二战期间，美国人很担忧日本会在夜间空袭，于是颁布了一条灯火管制命令："务必做好准备工作。凡因内部或外部照明而显示能见度的所有联邦政府大楼和所有联邦政府使用的非联邦政府大楼，在日军夜间空袭时都应变成漆黑一片。可通过遮盖灯火结构或终止照明的办法实现这种黑暗。"

当富兰克林·罗斯福收到这个指令后，立即换成了自己的命令："在房屋中工作的时候，一定要将窗户遮上；不工作的时候，一定要将电灯关掉。"

哪一种说法更容易被人理解呢？毫无疑问，罗斯福的话更简短直接。而且，罗斯福在下命令时，从实际工作出发，通过这样的方式让这项命令变得更有活力了。

作为一名管理者，说话必须要言简意赅，尽可能精练一些。大量的实践表明，说话简短直接的管理者，更容易获得他人的肯定与喜爱，更容易提高个人的威信。

在现实管理中，我们经常能看到一部分企业管理者非常喜爱讲话，每次遇到开会都要上台讲话，并且每次都会讲很长时间，好像江河之水滔滔不绝。因为他们认为讲话可以将自己的能力显示出来，不讲话就会觉得有失身份。至于所讲之话是否有用，他们并不关心。这些管理者或许并不清楚，你在台上津津乐道的时候，下面的听众却觉得苦不堪言。事实上，讲话的效果通常是与讲话的长短成反比的。讲话比较长，效果就比较差；讲话比较短，效果就比较好，这是无数实践验证过的。

在剑桥大学的一次毕业典礼上，有数万名学生坐在大礼堂中，耐心等待着大人物丘吉尔的到来。丘吉尔在随从的陪同下，准时走进了大礼堂。

在讲台上站定之后，丘吉尔将身上的大衣脱了下来，递给随行人员，然后又将头上的帽子摘了下来，沉默不语地看着台下的所有观众。过了一分钟之后，丘吉尔的口中才缓缓地跳出了一句话："Never Give Up！"（"永不放弃！"）

说完这句话，丘吉尔将大衣穿在身上，将帽子戴在头上，快速地从会场离开了。整个会场变得鸦雀无声，仿佛一根针掉在地上也能听到。片刻之后，响起了一阵雷鸣般的掌声。

这是丘吉尔一辈子当中最后一次演讲，也是最为精彩的一次演讲。他只是说了几个字，就明确说出了自己所要演讲的内容。

作为一名管理者，用简短直接的语言表达想法，不仅是一种难能可贵的能力，也是一门需要学习的艺术。要想成为一名优秀的管理者，就必须掌握长话短说的能力。讲话要简短直接，讲有用的话，讲一些可以给下属以启示、有利于工作开展、有实际意义的短话。倘若管理者所讲之言与实际不相符，满口都是套话、空话，那么就算讲话的时间没多久，也会让听众感到枯燥乏味，犹如嚼蜡一般，白白浪费了大量的时间与精力。

在如今这个知识信息快速递增的时代，人们工作与生活的节奏都变得非常快，正所谓"时间就是金钱，时间就是效率"。快捷高效的时代，呼唤着简约干练的领导者风尚。管理者在说话时简洁明了、准确干练，已经不单单是下属们想要看见的，更是增强管理者个人能力所要求的。因此，如果想要成为一名优秀的管理者，那么不管是在平时与下属的沟通中，还是在给下属开会的时候，都要做到长话短说、简单直接。

广开言路，不搞"一言堂"

在现代企业管理中，有不少决策并非管理者一个人就能做出来的，还需要各个部门配合，对现有的资源与数据进行整合，一起探讨和交流。此时，管理者就需要给员工一个机会，让其将心中的想法表达出来。在很大程度上，员工的想法对于企业的发展都是有好处的。管理者独断专行、无法听进别人的意见是企业中最为忌讳的。

如果企业想要发展得更好，就必须对员工的话语权予以足够的重视。对于公司的产品及发展，员工有着不同于管理者的意见与思考的方式。给员工一个说话的机会，从员工的话语中得到方法，充分地发挥出员工的作用，对于产品与服务质量的改进有很大的帮助。

有一家生产洗衣液的公司，因为产品优良，包装精美，受到了广大消费者的喜爱，每年的营业额蒸蒸日上。不过，随着市场竞争日益激烈，在业绩进入第十二年时，该公司的营业额停滞了下来，每个月基本上都维持着相同的数字，甚至还出现了下滑的趋势。为此，公司管理者曾多次召开会议，也试着做过一两次改革，但效果都不理想。

一天，销售部门的经理向总经理建议，召开全体员工会议，将公司现在遇到的难题告诉员工，鼓励每个员工积极发言，寻找良好的解决方法。总经理采纳了，随即召开全体员工大会。结果，还真有个员工提出了一个很不错的建议，使得该公司的营销额大幅度增长。

如果企业想要保持良好的发展势头，就绝对不能忽视员工的声音。在企业中，管理者的想法或许会存在片面、不周全的问题，此时，员工的想法就会从不一样的角度对问题进行考虑，促使问题的思考变得更全面。

海尔的管理层曾经说过"要让时针走得准，必须控制好秒针的运行。"在企业中，企业就像时针，而员工则是秒针。如果企业想要精确地实现目标，就必须让员工在工作中将目标实现，只有员工将目标实现了，企业的目标才能够实现。所以，而给所有的员工都发了"建议卡"，在工作的过程中，如果员工有什么想法或者建议，都可以提出来，从而帮助企业变得更加完善。而公司会立即采纳并实行员工的合理建议，并且给予所提建议者一定的奖励。对于那些不太适用的建议，公司也会做出回应，让员工知道公司已经考虑过其想法，但是由于存在些许欠缺，需要进一步完善。这样一来，员工就会觉得公司给予了自己尊重，就会更勇敢地将自己心中的想法说出来，帮助企业获得更好的发展。

自从何春盛做了研华科技中国区的总经理之后，公司的业绩一直保持快速增长。研华科技之所以能有这样的成就，何春盛表示，这与让员工勇敢说出自己内心的想法有着不可分割的关系。

在研华科技中，每个人都是平等的。何春盛说，当员工加入一家新公司时，看着复杂的组织结构图，不清楚何时才能够到达最顶端，他的积极性就会受到打击。可是，不管什么样的公司，又都不能离开这样的组织结构。因此，在公司制造一种平等的气氛，就会令员工对此类组织结构予以淡化。而这种人人平等的气氛对于促使员工说出内心想法有着很大的帮助。

因此，在公司中，何春盛并没有属于自己的办公室，而是与员工一同办公。何春盛说："当一个管理者把自己关在一个房间的时候，就代表着他和员工之间划出了一个有形的距离。"这种和员工一同办公的情况，让员工充分感受到了平等，促使员工提出更多有利于企业发展的好想法。

企业的管理者应当广开言路，给员工说话的机会，不搞"一言堂"。当员工们对企业产生疑问、不满或者有意见、建议时，企业的管理者应当怎么办？正确答案是：鼓励员工勇敢地说出自己心中的想法。否则，企业的管理者根本不知道员工心中是怎样想的，也就没有办法解决问题了。因此，在企业发展的过程中，管理者必须高度重视员工的意见，给员工说话的机会，这样企业才能发展得更好，更长久。

沟通无"漏斗"，共识必达成

松下电器的创始人松下幸之助曾经说过："企业管理过去是沟通，现在是沟通，未来还是沟通。"沟通的目的就在于令相左的意见或者不知道原因的人达成一个共识，让大家可以同心同德一起朝着一个目标不懈地努力奋斗，做到从上至下各级思想都保持统一。

对企业而言，沟通就是其至关重要的大动脉，为企业输送必不可少的氧气与养分，倘若沟通出现了问题，即便企业再强大也会因此陷入危机，甚至最终崩溃倒闭。

为什么沟通会出现问题呢？沟通障碍的真正制造者除了管理者本人不够重视沟通，致使沟通工作做得不到位之外，还有一个很重要的原因——"沟通漏斗"现象。

不少管理者都有过这种感觉：明明已经及时做了沟通工作，团队的氛围也不错，但为什么就是无法及时发现冲突与矛盾？总是无法了解员工的真实想法？总是无法使员工的执行力获得提升呢？如果管理者经常做沟通工作，但依旧感觉沟通效果并不好，那么就应当找一下"沟通漏斗"了。

所谓"沟通漏斗"，指的就是在工作过程当中，团队沟通效率下降的一种现象。一个表达能力正常的人，一般只能将心中想法的80%说出来；而倾听者由于思维想法的不同或者排斥感，最多只能接收60%，并且仅有40%真正留在了心上，真正地听懂了；到了正式行动的时候，在执行力的限制下，就仅仅剩下20%了。或许管理者心中所想是很完美的，可是在他本人传递给下属的初期，就已经变得不完美了，而在接收管理者的信息与执行命令的过程当中，下属的执行力会继续削弱，最后就形成"沟通漏斗"。

"沟通漏斗"是不可能完全避免的，因为人与人的思想不是无缝对接的。可是，管理者一定要竭尽所能地阻止"沟通漏斗"现象的发生，才能够有效提高管理的质量。

想要构建一种可以尽可能将"沟通漏斗"消除的机制，管理者首先做的就是有意识地将自己与下属的关系拉近，创建一套越级机制，让处于最下级的员工也有与最高管理者进行面对面交流的机会。

第一，中高层领导之间一定要清楚每一个员工的联络方式；

第二，中高层领导虽然不需要直接告诉员工自己的联络方式，但却必须告诉员工一个网络联系方式，这是与员工之间建立无障碍交流的基础；

第三，在网络上，定期与员工进行交流互动，增强彼此之间的了解；

第四，管理者与核心员工之间一定要做到无障碍交流；

第五，定期处理电子邮件，并且根据紧急重要程度做好归类工作；

第六，除了公司会议室之外，团队成员之间要有别的沟通场地进行非正式的沟通；

第七，团队内部必须要定期召开沟通见面会；

第八，团队成员应当养成主动沟通与交流的习惯。

将上面所说的事宜做好之后，企业或者团队的工作氛围肯定会变得友好而和谐。当团队内部对于某件事出现非常大的异议时，团队成员可以把团队利益置于第一位，甚至能够心甘情愿地牺牲个人利益。

沟通属于一个动态顺序性的过程，可以分成好几个阶段，倘若掌控好了每一个阶段，那么整个沟通过程无疑就是成功的。在现实工作中，沟通一般可以分为五个阶段。

第一阶段：确定人选

不管什么样的任务，都是由人来执行的，所以确定人选是能否顺利完成任务的关键所在。按照任务的难易程度及其所牵扯到的各个方面，管理者要在所有下属当中将最合适的人选找出来。在确定人选的时候，仅仅通过平常的观察或者下属的自我推荐，都不是好的方式，很容易像三国时诸葛亮错信马谡一样，选错人，最终导致严重的后果。所以，管理者在确定重大任务的人选时，一定要与相应领导沟通，万不可武断行事。

第二阶段：委派任务

将工作任务以及要委派的人选确定下来之后，管理者要详细地将任务的性质与重要性告知被委派者，将任务的具体内容、完成的时间以及需要注意的地方讲清楚。与此同时，管理者还应当非常明确地授予被委派者一定的权力，但要将具体的权限告诉对方。在被委派者对任务有了一个明确的认识后，管理者也不能马上离开，还要与被委派者一起做任务的整体规划，将大体的计划制订出来，并做好阶段性分解。

第三阶段：明确重点

任何一项任务，都存在着核心的重点，管理者必须要协助被委派者将重点找出来，而且还要与被委派者对重点进行沟通与交流，最好采用书面备忘录的形式进行备案，以此当作将来绩效考核的标准之一。

第四阶段：监控过程

在员工做任务的时候，管理者要及时和被委派人进行沟通与交流，适时鼓励与表扬被委派者。倘若任务没有圆满完成，管理者要协助被委派者将原因找出来，看看到底是主观因素所致，还是客观因素所致。倘若是客观原因导致的，就要适当地调整计划；倘若是被委派者主观因素导致的，就要将责任界定好，并且给予相应的处罚。

第五阶段：评估结果

管理者要对任务完成的质量进行评估，检查执行过程，及时发现问题，并总结经验。

上面所说的五点是沟通工作的五个阶段，不管哪个阶段，都需要管理者直接与下属进行沟通，不要选择口口相传的方式，因为沟通过程中涉及的人愈多，信息的失真度就愈高，所以管理者在与下属沟通交流时，应该尽可能地减少沟通的层级，选择直接沟通的方式，才能够获得最好的沟通效果。

除此之外，管理者还要特别注意的一点是，在与下属沟通的过程中，不要对其施加任何的压力。在现实中，不少管理者在沟通中常常给下属施压，将自己的看法强加给下属，若下属提出反对意见，就采取高压政策，强行对其进行说服教育。这是非常不可取的，成功学大师卡耐基曾经说过："如果沟通只是为了试图说服别人，那么除了说服本身，你不会得到任何东西。"管理者不要担心下属提出不同的意见，要知道当下属发表反对意见的时候，正是你集合多方面信息，做出最佳决策的好机会。因此，管理者不仅不应当打压下属的不同声音，反而要鼓励下属多提意见，多说看法，这样一来，才能上下一心，制订出最佳方案。

提问促交流，而非摆派头

有这样一个故事：

从前，有一名60岁的老渔翁，他拥有着非常高超的捕鱼技术，被人们称为"神渔翁"。这位"神渔翁"膝下有三个儿子，从小就跟在父亲身边学习捕鱼技术。然而，他们的捕鱼技术却不怎么样，甚至可以说是当地捕鱼技术中最差的。为此，"神渔翁"感到非常苦恼，经常责骂三个儿子，自己如此用心地教授他们捕鱼技术，为什么他们就是学不会呢？

一天，这位"神渔翁"来到位于深山当中的一座庙宇中，找到老方丈，告诉了他自己的烦恼，然后虚心地向老方丈请教，自己应该怎样做才能让三个儿子学到自己这一身本事。

老方丈笑着问他："每一次捕鱼，你都会与三个儿子一起出海吗？"

"神渔翁"回答说："对啊，否则，光是依靠他们的本事，肯定什么都捕不到啊！"

老方丈又问道："那你怎样教儿子们的呢？"

"神渔翁"回答说："我将自己知道的全部都告诉他们，他们也都能清清楚楚地记住……"

老方丈说道："但就是掌握不了要领是吧？"

"神渔翁"连忙点点头。

老方丈接着询问道："你是怎样学到这一身绝妙的捕鱼的本事的？"

"神渔翁"听到这里，立即精神起来，神采飞扬地回答说："我14岁就跟着我们村里的人出海捕鱼了，大家都忙着自己手里的活，根本没有时间教我。于是，我就一边在旁边帮工，一边跟着大家学习，花费了六年的时间，就将一整套的捕鱼技术学到手，并且开始一个人出海捕鱼了。"

老方丈问道："你在学习的过程中遇到过失败吗？"

"神渔翁"回答说："当然有失败了，而且还失败了很多次。不过每次失败之后，我都能吸取一些教训，等到下次捕鱼的时候就能做得更好一些，就这样，一来二去就很少犯错了，最后就不犯错误了。"

老方丈问道："那么在你一个人出海捕鱼之后，还会犯错误吗？"

"神渔翁"听到这里叹了一口气说道："自然是有的！我刚开始独自出海的时候，觉得自己应当可以的，但是真正到了海上之后就感觉脑子一下子蒙了，以前所学的东西全部都忘了，连续好多天都没有捕到一条鱼。一个多月后才慢慢好了起来，前半年我过得辛苦极了，因为我经常会犯错而捕不到鱼。"

老方丈接着问道："你觉得在你学习捕鱼技术的过程中，最难忘的是什么样的经历，对捕鱼有用吗？"

"神渔翁"认真地想了一会儿，回答道："是失败。失败给我留下的印象太深了，有的时候，眼看着就要成功了，但是由于自己操作失误，最终还是失败了。对于学会捕鱼最有用的也是失败，我的这些经验与教训都是从失败中学来的。"

老方丈问道："那个时候你畏惧失败吗？"

"神渔翁"说："当然了，一旦失败，就意味着那天没有任何收入。"

老方丈问道："那么你的儿子们害怕失败吗？"

神渔翁回答说："不害怕，因为有我在呀，只要他们错了，我就会马上提醒他们。"

老方丈最后问道："那你觉得他们还能够记住什么吗？"

"这……""神渔翁"一下子不知道如何回答了。是的，"神渔翁"手把手的教授方式，不仅将三个儿子独自承担失败的机会剥夺了，也将三个儿子学习真本事的机会剥夺了。

老方丈采用连续提问的方式，一步步地引导"神渔翁"，使之找到了问题的症结。倘若老方丈没有通过提问的方式引导"神渔翁"，而是直接给"神渔翁"讲道理，恐怕"神渔翁"不会接受，而会直接反驳。因为在"神渔翁"看来，三个儿子之所以学不会捕鱼技术，是因为他们太笨了，而不是他的责任。

在现实工作中，下属向领导提出请求，让领导帮忙解决难题，是十分常见的事情。一般情况下，领导会立即给予下属帮助，直接将问题的解决办法告诉下属。下属获得了满意的答案，最终顺利解决了问题。可是问题在于，下属在将来碰到相似的问题后仍然不知道应当如何解决，还得寻求领导的帮助。以此类推，只要下属没能自己掌握解决问题的办法，这个难题就永远不会消失。

还有一部分领导遇到这样的问题后，会让下属先忙其他的事情，自己去想办法将问题解决。如此一来，下属根本就没有机会参与进来，等到领导解决问题，下属返回岗位接着去工作了。这种领导看似很敬业，实际上是做了十分蠢笨的事情。

成功的领导不单单自己是个帅才，他的下属也可以做到独当一面。这就要求下属也须经历挫折与坎坷。在遇到难题的时候，领导一马当先并没有错，但下属也要紧跟其后，并且要亲自站出来将问题解决，领导在旁边辅助即可。领导应当像老方丈那样，通过持续发问的方式与下属进行沟通与交流，帮助下属将问题的解决方法找出来。

有的高层领导总爱在下属面前摆架子，一副趾高气扬的样子。当下属前来寻求领导的帮助时，首先会被领导劈头盖脸地骂一顿，然后再在领导不耐烦的言语中领悟问题的解决方法。这种领导是不合格的，没有把帮助员工成长放在首位。

佳能公司对所有的管理人员有一个要求：在遇到下属求助的情况时，不允许只是简单地将应当如何做告诉下属，更不允许越俎代庖替下属去做，而是要采用启发式提问的方式，帮助下属将问题的关键节点解开，并且让下属说出几个不一样的解决方案，领导帮助下属逐个进行分析与点评，最后让下属本人决定到底采用哪个方案。之所以要这么做，目的就在于要帮助下属获得整体成长，培养下属独自思索问题、独自解决问题的能力。在对下属进行启发的这个过程中，领导要做的便是把好关、掌握好流程，对下属处理问题的对错进行监管，在下属犯下错误的时候，及时给予他们帮助，使之回到正确的轨道上。

佳能公司的这一举措，使得所有的管理人员都具备了非常强的发问能力。其实，出色的管理者都清楚应当询问怎样的问题，清楚员工最需要的是什么东西，他们可以从下属员工的对答当中发现问题，然后给出一些建设性的意见。

提问本身是一种可以充分将领导力与融合力发挥出来的重要方式，有效的提问不仅可以极大地将员工的斗志与潜力激发出来，促使员工从现有的思维局限与能力局限中突破出来，而且也能够促使员工增强担当责任的意识，从而促使上下级在思维上保持一致，一起努力，一起前进。

掌握好批评的尺度和分寸

在企业管理中，为了帮助员工改正工作中所犯的错误，使员工走上正确的道路，管理者往往会对下属进行批评。然而，要想使批评获得理想的效果，管理者在批评员工的时候，必须要讲究一定的原则与方法。

作为一名管理者，杰克是极其精明能干的。但是，他这个人有一个怪毛病，即不允许员工有一丝一毫的差错，否则就会怒火冲天，大发脾气。

有一次，他从一份报告中发现了一个拼写错误，有员工将Believe写成了Beleive。于是，杰克怒气冲冲地叫来了这个写错字的员工。

"你到底是怎么回事呀？你居然会犯这样的错？你的博士学位究竟是怎么读下来的？E怎么可能会出现在I的前面呢？你记住了，I永远都要在E的前面。"杰克的嗓门很大，整个走廊的人都能听到他的声音。

然而，没过多长时间，杰克又发现了相同的拼写错误，并且还是同一个人犯下的。杰克这次更是气坏了，这个家伙怎么屡教不改呢？于是，他立即叫来了犯错的人，高声地咆哮道："我的上帝啊，你的脑子到底是怎么长的呀？你的脑袋里装的都是糨糊吗？同样的错误，你怎么还能再犯一次呢？我上次说的话，你都忘记了吗？"

那名员工十分平静，眼光凶狠地盯着杰克，大声说道："你上次不是说I永远都要在E的前面吗？"

杰克高声回道："没错。"

那名员工不再说话，而是从桌子上拿起一份文件，一笔勾去了里面的Boeing，将其改成了Boieng。

这样的结局自然是不愉快的，但这都是因为杰克不懂批评的技巧造成的。倘若当时他没有太过愤怒，而是心平气和地与员工沟通，那么很可能会轻轻松松地帮助员工改正错误，并且协调好上下级的关系。因此，管理者在批评员工的时候，如果想要取得预期的效果，就要重视批评的方法，注意批评的尺度与分寸。唯有采用合适的方法，才能够让员工心服口服，让员工心甘情愿地接受批评。那么，管理者在批评员工时，应当注意什么呢？

1.尊重是批评的前提

任何人都有自尊心，即便犯了错误的人也是这样的。如果员工真的在某些方面犯了错误，管理者在批评的时候，一定要考虑到对方的自尊心。当管理者怒火中烧时，最好不要批评员工，等心情平静下来再去批评。切忌讽刺、挖苦员工，用恶毒的语言伤害对方。因为尽管对方犯了错，但在人格上是与你平等的，因此管理者不可随随便便地贬低对方，更不能污辱对方。

2.批评要有事实依据

管理者在批评员工之前，应当先深入了解事实真相。真相通常会藏在表象的后面，唯有通过认真仔细的分析，多方面、多层次的综合，以及理性的判断，才能够使之浮出水面。所以管理者千万不能先入为主，凭借自己主观的猜测就意气用事，而要坚持公平、公正、无私的原则，掌握事实依据后，再作出批评。

3.批评要找准时机

找准时机，是指管理者在批评员工时，必须要适时，既不能太早，也不能太晚。权威性心理学研究成果显示，语言的"分量"不仅是随机的，也是分轻重的。这主要是由多方面的因素决定的，比如，所说的话与听者有多大的切身关系，听者在精神上对话语的准备程度以及外界的环境情况等。批评也是这样，如果批评得太早，那么可能会因为条件尚未成熟而达不到预期的效果。如果批评得太晚，又可能会由于事情已经过去而失去了批评的意义与作用。

4.不要在众人面前批评员工

有些管理者认为，批评就要做到"杀一儆百"，才能得到良好的效果。当众批评不仅可以让犯错的人知错，也让其他人从中受到教育，避免发生类似的事情。所以，即使员工犯了一个非常小的错误，有些管理者也会当着所有人的面，大声批评犯了错误的员工。

然而，这种想法是完全行不通的。当众批评，有些员工会对被批评的员工评头论足，有些员工会同情被批评的员工，有些员工认为与自己无关，漠不关心，这样做不仅会在员工心中留下一个尖酸的管理者的形象，而且还会让被批评的员工觉得这是管理者在故意让自己难堪，产生较深的怨念，根本不可能进行反思，以后可能还会犯相同的错误，得不偿失。

因此，当员工犯了错误，管理者要对其进行批评的时候，必须要注意当时的场合，要给员工留面子，最好私下找犯错的员工，在只有管理者与犯错员工两个人的情况下，耐心与犯错员工沟通，让其认识到自己的错误，并自觉地去改正。

5.批评要风趣委婉一些

管理者的批评是为了鞭策和激励员工更好地完成工作，完成团队共同的目标。批评是一种反向的激励，如果运用不好，就很容易打压员工的自尊心，这样不但收不到激励的效果，而且还会走向激励的反面，使被批评者情绪消极、表现被动，甚至做出偏激和抵抗的举动。

所以，管理者在批评员工的时候，言语上要风趣委婉一些，如春风化雨，而不是大发雷霆，横眉怒目。比起直接发脾气、斥责，委婉幽默的方式更容易让员工接受。所以，当管理者在指出员工错误的时候，最好选择以风趣委婉的责备来劝说员工。这样不但能把管理者的意思准确地表达出来，还能使员工心甘情愿地接受批评。

6.批评要言简意赅，点到为止

有些管理者在批评犯错员工的时候，总是会唠唠叨叨、喋喋不休，这很容易让员工产生厌烦心理，根本不可能虚心接受批评。所以，管理者在对犯错员工进行批评时，要言简意赅，点到为止。

7.批评要注意口气

有的管理者喜欢用领导、长辈的口气来教训员工，殊不知，员工最讨厌的就是这种口气。管理者一味地教育员工，只会让员工反感，不仅达不到帮助员工改正错误的目的，而且还会增加员工的心理负担。所以，管理者应当采用平等的态度，平等地与员工交谈，让他们认识到自己的错误，自觉改正。

8.批评要注意"度"

员工犯错了，管理者自然可以批评员工，但必须要注意"度"，不可以因为同一个错误多次批评员工，这样做只能让犯错员工从最初的内疚不安到不耐烦，最后到反感、厌恶。为了防止这种超限效应的出现，管理者应当坚持"犯一次错误，只批评一次"的原则。即便需要再次批评，管理者也要换一个角度，换一种说法，如此才不会令员工产生"被揪着小辫子不放"的感觉而生出厌烦心理。

第四章

制度管理

——制度是高效管理的基石

伟大的公司，需要伟大的机制

古人云："无规矩不成方圆。"优秀的管理者在创业初期，为了公司更好地发展，通常都会制订一些制度。在这些制度的约束下，公司逐渐走上正轨。然而，随着公司的发展，有些制度会逐渐地不适用了。我们先来看一个小故事。

住在一块的7个人，每天都要分食一锅粥。比较糟糕的是，粥的分量不多，大家都想方设法地让自己能够多吃一些，所以，在怎样对粥进行分配的问题上，他们一直争辩不止，无法达成共识。刚开始，他们每天采用抓阄的方式，选出一个人来负责分粥事宜。于是，每天能够吃饱的只有负责分粥之人。

后来，他们感觉这个方法不合理，就通过选举的方式找了一个品德与威望都比较高的人来负责分粥。为了能多分一些粥，其他人都开始竭尽所能地讨好这个分粥的人。结果，将整个小团体弄得乌烟瘴气。

再后来，大家决定选出分粥委员会与评选委员会，前者包括3名成员，后者包括4名成员，但结果却是分粥委员会成员与评选委员会成员常常相互攻击、彼此扯皮，等到吃粥的时候粥早已经凉透了。

最终，大家想出了一个比较公平合理的方法：采用轮流制度来分粥，负责分粥之人要吃剩下的最后一碗。为了避免自己吃的那碗粥是最少的，每个人在分粥的时候都会尽可能地分得更加平均一些。倘若分得不平均，那么最少的那碗粥就是自己的了。从此以后，7个人之间又恢复了和谐，不再相互抱怨与争吵了。

一个这么小的团队，7名成员，却因为分粥问题出现分歧。由此可以看出，如果制度、规则不科学，团队将永远不会有安宁之日。只有制订科学公平的制度、规则，才可以令所有人都信服，都自觉地去遵守。这样一来，企业才能顺利地发展起来。

常言道："打天下容易，守天下难。"当企业成功度过艰难的创业初期，在市场上站稳脚跟后，管理者就会逐渐意识到：创业时期的制度规则已经不适合企业如今的发展需求了。于是，他们急切需要一套既公平又合理且适合现有发展的制度，来对企业进行规范。

在这个一日千里的时代，企业的外部环境随时都在变化着，所以，企业的制度也应当跟着时代的发展，随着企业内外部环境的不断变化，适当地做出调整，使其与企业的发展需求更加相符，如此一来，才能够确保企业得到长远发展。

1802年，杜邦公司成立，到今天已经有200多年的历史了，是世界500强企业当中拥有最长寿命的一个企业。究其根本原因，与杜邦家族一直在不断地对制度进行调整、改革、创新存在着直接的关系。

在杜邦公司发展初期，可以明显地看出公司的管理有着浓厚的个人英雄主义色彩。作为创始人的亨利·杜邦，对公司大大小小的事情持有决定权，可以说杜邦公司就是他的"一言堂"。这样的管理模式一直维持了39年之久，而且其效果也是不错的。然而，当亨利离职以后，杜邦公司因为缺乏良好的制度，立即混乱起来。因为继承人缺少丰富的管理经验，公司的效益快速降低，甚至到了即将倒闭的边缘。

面对如此大的危机，杜邦公司迅速认识到了错误，废除了单人决策的管理模式，制订了新的管理模式——集团式的管理模式。杜邦家族的成员不再眉毛胡子一把抓了，而是让执行委员根据制度管理公司。如此一来，不仅管理效率获得了极大的提升，而且对公司的发展也起到了积极的推动作用。在后来的发展过程中，杜邦公司根据客观环境的变化以及发展的实际需求，不断地对公司的制度进行调整与完善，从而大大地促使杜邦公司健康持久地向前发展。

对杜邦公司而言，从最开始的个人英雄主义，到之后的利用制度对公司进行管理，这是一个非常大的进步。在杜邦家族的发展史上，也出现过令人惊叹的大人物，然而，200多年后的今天，能够记得他们的还有几个人？可是，在公司制度的约束与规范下，杜邦的员工却一刻不停地前赴后继，为杜邦公司努力奋斗。这就充分地说明，伟大的公司，需要伟大的机制。

其实，不管什么样的企业，用制度管理公司，并且不断地对制度进行创新与完善，都是企业发展壮大、攀上顶峰的法宝。作为管理者，必须要清楚地认识到优良的制度对企业的发展所能起到的重要意义与作用。

1.优良的制度可以解放管理者，使之不再被困在异常烦琐的事务中

身为一名管理者，你是否有头疼不已的时候？或是因为员工操作不规范，或者因为工作中某些微不足道的琐碎小事？其实，管理

者遇到这些情况是很正常的。想要将这一切烦恼消除，你就需要一套合理而完善的优良制度。它犹如一把无比锋利的宝剑，可以帮你将所有的纷纷扰扰全部斩断。优良的制度可以使企业复杂烦琐的事情变得简单起来，可以让管理者从纷繁复杂的小事中抽出身来，将更多的时间放在比较重要的事情上。

2.优良的制度可以令员工激情满满，充满创造力

优良的制度是科学而合理的，可以较好地维护公平和正义，使员工真切地感受到公司的制度是对事不对人的。如此一来，他们就会心甘情愿地遵守制度，自觉地维护制度。在工作中，他们也会变得激情满满，充满创造力。这也是缔造和谐团队的根本所在。因为制度公平又合理，管理者再也不会由于人为管理产生偏差导致各种不公平了。

3.优良的制度可以在很大程度上提高企业的竞争力

由于优良的制度是公平而合理的，可以让员工感受到公司的"一视同仁"，因此员工工作起来会更加用心，工作效率也有了极大的提高。在如今这个竞争已然进入"白热化"的时代，员工们的工作效率提升了，企业的生产效益也会获得极大的提高，企业的综合竞争力自然也会随之"水涨船高"了。

一流公司用制度管人，二流公司用人管人

《孙子兵法》中明确指出：要将清楚明白的法律条文确定出来，要用严格的训练对军队进行整顿，不要对士兵太宽松，太怜惜，否则，就会致使士兵无法严格执行命令，部队就会变得十分混乱，不能很好地进行约束。在现代社会中，企业面临着异常激烈的竞争，丝毫不逊于冷兵器时代战场上的残酷，倘若企业缺乏严明的规章制度，不能做到令行禁止，那么在与同行的竞争中是不可能获得胜利的。

当一个团队缺乏合理的规章制度时，团队就非常容易变得混乱起来，这是极其糟糕的。若企业缺乏合理的规章制度，主要依靠人管人，会产生哪些弊端呢？

1.职责不清不楚

在不少企业中，其规章制度不甚合理，会导致工作安排得不够科学，导致某项工作好似是由两个部门负责。事实上两个部门都未曾认真去管。两个部门相互推诿、相互扯皮，使得原本应当职责分明的人员被安排得十分混乱，毫无秩序，结果造成了相当大的内耗。

2.业务流程毫无秩序

因为人治的随意性很大，极有可能会致使一项工作原本应当遵从一定的流程来执行，但却由于人的行为的影响，而从这个流程中

跳出来，导致业务流程毫无秩序。比如，采购人员携带资金外出采购，返回公司后原本应当立即上交账单，与财务做好交接工作。然而，因为公司缺乏清楚明白的规章规定，采购人员或许会一直拖着，不与财务对账，甚至私自将公款吞掉，妄图利用假票据来蒙混过去。

3.严重缺乏协调和配合

因为规章制度中并未清楚明白地规定哪项工作必须由哪个部门来负责，那么部门与部门之间在协调与配合上就很容易出问题。你选择冷眼观望，我也选择光看不动，大家都觉得对方部门应当为这件事情负责，结果工作无人管理，原本只是一个很小的问题被拖成了一个大问题。在管理过程中，最大的浪费之一便是协调不力，因为它不能使团队凝聚起来。如果员工之间不懂得协同合作，那么就会导致员工的工作效率很低，不利于公司的发展。

4.虽有章但却不遵循

有些企业虽然有相关的规章制度，可是在这些制度出台之后，管理者却从来没有严格地遵守执行，也没有严格按照制度去做事。有的员工做出了违规的事情，管理者却没有给出一定的惩罚，久而久之，就使员工对那些规章制度熟视无睹了。

从上述四点很容易看出，当企业对人治倍加推崇，而对制度管人有所忽略的时候，员工就会严重缺乏执行力。这也是为何在有些企业中，当领导坐镇公司时，员工的执行力就很高；当领导未出现在公司时，员工就严重缺乏执行力。因为没有利用制度管理员工的公司，其员工也不会重视制度，而只对老板的言行加以重视。这便是人治导致的恶果。

一名合格的管理者，需要建立科学的制度，用制度和纪律管理企业，让员工将制度和纪律视为日常的行动准则。关于这一点，经典名著《红楼梦》中的王熙凤就做得相当好。

宁国府贾蓉的媳妇秦可卿不幸去世。宁国府办了一场盛大庄重的葬礼，每天都有不少人来吊唁，里里外外各种杂乱的事情都需要妥善处理，如何才能完美地处理这些事情呢？贾蓉的父亲贾珍想到了荣国府的王熙凤，就将其请来，让她帮忙管理这摊子事儿。

王熙凤到了宁国府后，做的第一件事情便是设立了人事管理制度。她按照所设的制度安排好各项工作，让所有人都各司其职，各尽其责，相互之间，不可推诿。谁应该做什么，谁应当负责监督，等等，都一清二楚。在规章制度的规范下，一个一两百人的集团顿时变成了一个执行率很高的团队。

与此同时，王熙凤还设立了考勤制度与物品管理制度。何时点名，何时吃饭，何时发放/领取物品，何时请示汇报，何人管何处的工作，何人应该领取何物等，都清楚地规定好了。在这些制度的规范之下，王熙凤很好地处理了宁国府的丧事。

试想一下，倘若王熙凤不依靠制度管理这些人，而是选择亲自上阵，这一两百并不常在她手下听命的人恐怕会乱成一团。由此可见，相较于人治的效果，用制度管人管事要好得多。作为一名管理者，倘若你想要企业从"人治"顺利地转变成"制治"，至少需要做两件事：第一，制订科学的管理制度；第二，让制度产生强大的威慑力，令员工严格执行下去。唯有如此，你的企业才能在硬性制度的规范下，平平稳稳、井然有序且效率较高地运营下去。

某工厂出现了性质恶劣的偷盗事件：一个工人偷了厂里的一些产品。因为此人是厂里的老员工，平时人缘非常好，且偷盗的产品数量不大。所以，在他承认错误后，很多员工都站出来替他说情。

有人说："厂长，您就原谅他吧，他已经知道错了。"

也有人说："厂长，少数服从多数嘛！这么多人都为他说情，这件事就算了吧。"

但厂长却理直气壮地说："厂里的规章制度在出台前都是获得大家认可的，既然已经有了规章制度，就必须按照规章制度执行，绝对不可以徇私枉法。"

最终，厂长还是按照制度严格惩罚了那位老员工。尽管当时众人都觉得厂长有点不近人情，但久而久之，对于厂长的做法，大家也就认同了。从那之后，厂里基本上再也没有出现过盗窃案。

在这个案例中，倘若厂长选择无视厂里的规章制度，而顺从大部分人的意见，对那位犯错的老员工不予惩罚或从轻惩罚，那么厂里的规章制度就变成了一纸空文。反正犯了错，大家会帮忙说情，就能免于惩罚或减轻惩罚了。届时，不仅厂长的信誉会大大降低，厂子也会变得混乱不堪。由此可见，规章制度施行后，就必须要没有任何理由地严格执行。唯有严格按照规章制度办事，才能够维护规章制度的威信，才能够对不正之风进行遏制，从而维护企业的权益。

一流的公司用制度管人，二流的公司用人管人。国内外的知名企业，都是依靠规章制度对公司进行管理的。不管是谁，只要违反了公司的规章制度，就会受到相应的惩罚。也正是由于这个原因，这些公司才能快速发展，成为同行业中的翘楚。

制度面前，人与人是平等的

公司既然制订了制度，不仅要严格遵守，而且更重要的是，在制度面前，要做到人人平等。无论是谁，都不具备特权，都必须按照制度行事。只有每个员工心中都有"制度高于一切"的信念，他们才会自觉地按制度办事。

作为管理者，要不断地将制度的重要性灌输给员工，让他们用制度来规范自我行为，从而使公司井然有序的运营。

制度是对公司进行管理的依据，管理者也好，员工也罢，都必须要严格遵守。倘若有人能无视制度任意妄为，那么该制度的权威性也就丧失殆尽了，不会有人再重视它。在企业文化中，管理制度占据着重要的位置，它在很大程度上关系着企业的未来发展，只要规定了一些制度，管理上立即就能体现出来，可谓是"立竿见影"。公司制度不仅要不断地进行修正、完善，还要持续增强其执行力，且在执行时，"人人平等"是最重要的。

管理制度必须要客观、科学、公正，要切实可行。而其中最为重要的一环便是有效性。在企业管理中，无论什么都不能与制度相提并论，制度应当高于一切。因为不管是公司的成败，还是公司的高度，都取决于制度，所以制度的地位应当是最高的。

公司要想发展，就一定要跟上时代的发展。而要跟上时代的发展，就一定要进行改革，改革的首要任务便是制度改革。在公司中，制度与所有人都息息相关，决定着每一个人的利益。倘若是管理者，或许只会关注那些拥有良好业绩或较差业绩的员工，但制度却不会如此，制度会公平地对待每一个人。正是由于制度关乎着所有人，它不会对某些人有特殊性，否则就不是制度。

有了制度与原则之后，一切都要跟着制度走。无论何种身份、何种资历，都不具备特殊性。公司若想营造一个公平公正的环境，首先要从制度上进行规范，在制度面前，人人平等。所有成功的公司，均是依靠制度来管人的，而且制度对任何人都是有效的。

倘若由于地位不一样，就有不一样的执行标准，不仅不能令员工信服，还会产生这样或者那样的混乱和麻烦。如果管理者根据一种制度来管理所有人，事情就变得简单多了。那么，要想真正地将制度的作用发挥出来，管理者应当从以下几个方面努力。

第一，面对制度，管理者本人应当给予足够的重视与尊重，并且严格地去遵守。即便是管理者，只要犯下了什么错误，也应当按照制度进行处理。管理者必须清楚，制度并非给员工设置的，而是给所有人设置的，管理者本人也不能例外。倘若管理者以身作则，员工就会知道制度的严肃性与重要性，任何人都不能予以破坏。

第二，制度方面的规定不能是一些假大空的东西，而应当贴近现实，站在实际角度来考虑。制订制度的目的，在于对员工进行管理，所以规定的必须是公司中出现或是可能会出现的事情。制度不仅要与公司的现实相贴近，还要坚持"以人为本"。倘若制度的规定是合乎情理的，而且员工也能理解，那么他们就会自觉遵从规定了。

海尔公司如今已是一个规模巨大的国际化的大企业，可是在刚开始起步的时候，也只是一个很小的厂子，还面临着倒闭的风险。

作为海尔集团的首席执行官，张瑞敏在最初对海尔进行管理的时候，就制订了一整套与海尔当时的情况十分贴近的规定，其中居然包括禁止随地大小便。这条规定在如今看来，或许会觉得很可笑，可是在当时那个年代，海尔的所有员工都不具备较高的素质，经常发生随地大小便的事情。

正是由于张瑞敏制订的各种制度条款都与现实非常贴近，说的均是员工或企业本身就有的问题，因此才对员工产生了很好的约束能力。在这些较为实用的制度约束下，海尔员工开始对自己的工作加以重视，开始干劲十足地努力工作，很好地推动了海尔公司的发展，使之慢慢壮大起来了。

第三，应当增大制度的执行力度，不管碰到哪一种情况，都不可以违反制度，在制度面前，所有人都应是平等的。

在实施管理的过程中，有时会出现这样的情况：当少数员工犯错了，管理者会十分自然地按照规章制度进行处理。然而，当大多数员工同时犯下了相同的错误时，管理者可能就会犹豫了，到底应不应该按照制度对他们惩罚呢？优秀的管理者会告诉你，在这种情况下，也要严格按制度办事，不能因为人多而有所不同。

作为一名管理者，唯有认认真真地推行制度，坚持做到"制度面前，人人平等"，即便是自己也不例外，才能用制度约束好员工，管理好公司，成为一名令人尊敬的优秀领导。

制度朝令夕改，员工“晕头转向”

不管什么样的制度，都是为了将企业所遇到的某个问题予以解决而制订出来的，正确地执行既可以顺利解决问题，又能够产生积极影响。然而，在现实社会中，许多企业却在制度出台后频频出现问题：要么“颁而不行”，制度还没来得及进入执行阶段就已经夭折了；要么“半途废止”，并未遵从遇到困难中间终止，甚至还有今天刚刚出台一项制度，明天却对该项制度进行否认的情况。

如此朝令夕改只会让员工“晕头转向”，不知如何正确地应对工作，整天忙着收拾各种残局，不再积极主动地工作，而是得过且过，敷衍了事。更为糟糕的是，员工对公司管理层也会彻底丧失信任，导致管理层的权威消失殆尽，日后再颁布制度时必然会遭遇更多的阻力。

有一家创业型的私人企业，有三年多的发展历史了，营业额一直并不是特别理想，前期还有些许盈利，最近一年最多也就堪堪能保持个不亏本。而究其根本原因，主要是由于该公司的管理一直处于比较混乱导致的。原来，在这家公司，无论大事还是小事，基本上都是老板张先生的“一言堂”，不管员工职位高低，所有的决策都要请示他，由他说了算。有时，公司制订了某项管理制度，但是因为张先生自己忘记了，几天后遇到相关情况就会被直接否认，将之前制定的该制度推翻，转而又制订出一项新的制度。公司中几乎所有的管理层都已经习惯看张先生的脸色行事，而不是按照规章制度办事。

最近，张先生对制订公司绩效考核制度产生了极大的兴趣，于是，他又要求人力资源部重新制订各项考核标准，由绩效考核工资转为计件工资。而这一转变会在很大程度上影响到员工的福利待遇，所以遭到了很多员工的抵触。这项新的考核制度运行一周之后，张先生就要求人力资源部立刻将这项制度废止，重新再制订一套。就这样，前前后后反复更改了好几次，张先生仍然觉得不满意，每天都要给人力资源部的主管打十几个电话。而公司的员工们也是抱怨连天，很多员工都对这种朝令夕改的情况感到非常迷茫，有一些员工甚至直接选择了离职……

在现实中，像张先生这样的管理者并不在少数，他们严重缺乏大局观与预见性，完全是盲目地制订制度，"头痛医头，脚痛医脚"，急功近利，这样制订出来的制度就很容易因为实际效果不佳而被取消。而如此朝令夕改，今日这么规定，明日又做新的调整，只会让员工备受困扰，痛苦不堪，感觉自己不管如何做，都无法令管理者满意。员工辛辛苦苦忙碌了很长时间，却因为管理者突然而来的一个指令而全盘皆废，次数多了，员工就会生出惰性心理，会对制度感到困扰与疑惑，很难准确地对制度进行理解与把握，促使制度的崩溃速度加剧，使企业的运行越来越无序，越来越混乱，对企业发展造成危害。

企业之所以出现朝令夕改的问题，除了与管理者自身优柔寡断，做事不慎重，说话比较随便，经常改变主意有关之外，还可能是制度本身就不具备科学性与可执行性，不符合员工的利益，而且操作起来难度太大，因此才造成了制度被频繁修改或者提前废止的情况。

想要解决朝令夕改的问题，管理者必须要将以下几点做好。

1.以慎重的态度制订制度

对于企业而言，制度并没有什么最好的或是最全面的，只有当时当地最为适合的。今天管理者或许觉得找到了最佳制度，就将之前的制度推翻了，但明天可能又觉得有了新想法而将今日的制度推翻，循环往复，时间都浪费在制度的制订上而非切实的执行上，最终消耗的是企业光明的前途。其实，企业制度不可以随便一拍脑袋就去胡乱的折腾，而是要注意其是否与企业自身发展情况相符，是否能将企业当时的实际条件反映出来。

与此同时，制度除了必须要具备实际性之外，还要求兼备科学性。管理者既要有宏观意识，又要有预见性，尽可能一次性将制度体系制订好，如果今后想要变更，最好也只是对其细枝末节的规定进行修改，而不会轻易地动摇制度本身。如果条件允许的话，管理者应当尽可能制订出多种方案，本着谨慎认真的态度从中挑选出一个最佳方案，以确保制度能够顺利通过各种客观实际的考验，就算真的遭遇了什么突发性的事件，也不至于需要对制度做大幅度的调整。

2.制订制度时要多参考"民意"

关于企业制度，员工既是最直接的感受者，也是最直接的影响者。在制订制度的时候，理所应当发挥重要的作用。然而，员工原本处于基层，地位较低，这就决定了他们在整个团队组织中没有话语优势，与管理层相比力量较为悬殊，处于弱势地位，在制订制度时其发言权就可能被企业忽略。而这种忽略员工的声音，忽视员工的利益而制订出来的制度，怎么可能得到员工的高认同感呢？所以，当这样的制度被执行的时候，员工是不可能衷心拥护的，最终以"半途夭折"结束也就在所难免了，这也是有些企业花费大量时间制订详细制度，结果却无法顺利执行下去的一个重要原因。

所以，在制订制度的时候，管理者必须要尽可能多地让员工说话，认真听取员工的意见，要对不同类型的员工所提出的建议给予高度的重视。要知道"兼听则明，偏听则暗"，唯有对员工的真实期望有所了解，制订出来的激励制度才能有说服力，与此同时，也只有对员工的心理底线了如指掌，制订出来的处罚制度才能让员工接受。对于民主、公平的制度，员工不仅不会在心理上有所排斥，而且还会自觉遵守这种制度，并且贯彻执行下去。

3.尽量摆脱管理者性格因素的影响

在制订制度的时候，管理者自身存在的性格缺陷会产生很多负面影响，有的管理者在决断性上有欠缺，反反复复地制订策略，令员工不知道如何做才能达到管理者的要求。有的管理者喜欢独断专行，一有想法就会制订一项制度，从来不考虑企业的实际情况，结果在执行的过程中才发现不当，最终只能无奈地废止。还有的管理者做事出尔反尔，对自己说过的话根本不放在心上，有时甚至刚制订了一项制度，在第二天又制订出了与之相矛盾的另一项制度，结果只能让员工无法信服。

像这些因为性格因素造成的失误想要在短时间内进行改观，是比较困难的，管理者只能静下心来，多反思自己的行为。遇到事情万不可冲动，在行动之前要先"三思"。不要太过自负，应当多向上级请示，多与下级商讨，允许下级对不合理的做法提出质疑。

除此之外，对于自己合理的做法，管理者要敢于坚持。对于错误的做法，管理者要积极改正，唯有如此，才能够为团队与企业带来无限生机，使员工变得更有干劲。

管理需要人性化，制度需要严格化

近年来，越来越多的人开始向企业呼吁，希望企业能够实施人性化管理，提高员工的待遇，比如，工资待遇、福利待遇等，给予员工足够的尊重，让员工成为企业的主人，将员工的工作积极性激发出来。

的确，员工们都喜欢这种软性管理方式，作为企业的管理者，应当朝这方面努力，充分利用人性化的关怀，将员工对企业的归属感激发出来，促使员工做到以企业为家，全心全意地为企业服务，竭尽所能地为企业做贡献。

不过，管理者应该注意的是，倡导实施人性化的软性管理方式，并不意味着要对制度化的硬性管理进行否定，而是要把两种管理方式有机地结合在一起，既要有人性化的管理，又要有严格化的制度。倘若一味地实施人性化管理，将员工的地位抬得太高，久而久之，员工就可能会膨胀起来，变得自以为是，出现各种不良现象，比如，对待工作消极懈怠，违反规章制度等，严重影响企业的发展。所以，在实施软性的人性化管理的同时，绝对不能丢掉硬性的制度化管理。

在世界500强企业中，家族企业也好，合资企业也罢，抑或是国有企业或股份制企业等，只要历史超过了30年的，基本上都是极其重视"人性化管理+制度化管理"这两种管理模式并用的企业。也就是说，这些企业在实施管理的过程中，坚持"管理需要人性化，制度需要严格化"的原则。这种管理模式被人们戏称为"胡萝卜＋大棒"。

尤建平是一个非常优秀的领导者，在实施管理的过程中，既推行人性化管理，又推行制度化管理。平时，他总是有意识地和员工打成一片。他常常与员工坐在一块吃饭，一边吃着饭，一边与员工聊天，认真倾听员工的话，对于员工提出的意见与建议都非常重视。因此，尤建平不仅给员工留下了十分好的形象，而且获得了员工的认可与支持。

在处理管理当中遇到的问题时，尤建平则是另外一个样子：非常严格地执行公司的规章制度。当尤建平得知副厂长假借清理废料的名义，倒卖公司的物资时，他没有一丝一毫的犹豫，直接在众人面前盘问副厂长，了解事情的所有细节。之后，他非常详细地将这件事情上报给了董事局，并且按照公司的规章制度对副厂长进行了处理。

在现代企业中，不少企业管理者都没有办法像尤建平那样严格，丝毫不给副厂长留面子，因为不管怎么说，副厂长都属于公司的高层管理者，俗话说"不看僧面看佛面"，大家都是高层管理者，怎么也得顾忌一下对方的面子吧。可能正是因为这种心态的存在，才致使一部分管理者在实施管理的过程中"官官相护"，不能真正地做到公平公正、无私执法，不能完全站在客观的角度，对违反制度的人进行处理。作为管理者，只要有了这样的心态，就难以严格执行公司的规章制度。

举世闻名的管理大师杰克·韦尔奇曾经这样对人们告诫道："管理者在对下属进行管理时，可以讲人性，也一定要讲人性；可是在对问题进行处理时，必须要严格地执行制度，懂得扮演'黑脸'。"在杰克·韦尔奇的回忆录中，有一个值得管理者深思的小故事。

韦尔奇的副总曾告诉别人一件事情："昨天晚上，杰克对我发出了请客的邀请，在饭桌上，他待我殷勤又热情，不但为我夹菜，还为我倒酒。用餐结束后，杰克拥抱了我，可是我心中很清楚，即便如此，那个老家伙依然会坚定地让我离开。"果不其然，三天以后，在杰克·韦尔奇的指示下，人事部将这位副总解雇了。

从杰克·韦尔奇的做法上我们可以看出：作为一名管理者，你可以人性化地对待员工，给予员工关怀，与员工打成一片，但是一旦涉及原则性的问题，你就应当站在公正客观的立场处理问题，绝对不可因为私人感情而违背企业的制度。

有人说："作为一名管理者，倘若既想要做员工的领导，又想要做员工的好朋友，最终只能鸡飞蛋打，既不能成为好领导，也不能成为好朋友。"事实果真如此吗？其实不然，只要管理者能够真正地做到公私分明，在应当按照规章制度行事时严格执行、绝不徇私，在应当对员工表达人性化的关怀时送上关怀，管理者就可以一人分饰二角，将这两种角色扮演好。

雷杰·H.琼斯曾是通用电气公司的知名人物，从1972年起，琼斯就开始在通用公司担任董事长与CEO两大要职，1981年才卸任。

有一段时间，琼斯发现一个奇怪的现象：员工彼得的精神状态不太好，在他所生产的零件中有不少都达不到合格水平。彼得一直都是公司的骨干，按照常理来说不应该出现这种错误。

经过调查之后，琼斯找到了原因。原来，彼得的妻子意外遭遇车祸，他不仅要照顾躺在病床上的妻子，还要照顾年幼的孩子，所以，他休息的时间很少，精神状态自然会比较差，这才导致他在工作上频频出错。

按照其他员工的推测，琼斯应当给予彼得关怀，并且想办法给彼得一些帮助。然而，令大家感到意外的是，琼斯依旧遵从公司的规章制度将彼得辞退了，因为他并不愿意将自己的同情和公司的规章制度搅和起来。不过，琼斯在将彼得辞退以后，通过他的私人关系帮助彼得重新找了一份不错的工作，工作地点就在彼得家附近，方便他在上班之余照顾妻子与孩子，而且这份工作的上班时间非常灵活。

琼斯的做法让他赢得了下属的赞赏与敬仰，因为他不仅很好地维护了公司的制度，也给予了彼得人性化的关怀。

管理者要知道，公平公正≠冷漠无情。在对违规员工进行处罚的时候，管理者应该做到公平公正。与此同时，管理者还应当给予犯错员工人性化的教育和关怀，尽可能地为犯错员工提供帮助，从而使犯错员工更好地成长。

实际上，人性化管理和制度化管理并不矛盾，二者是相辅相成的。在实施管理的过程中，提倡人性化管理，对员工讲究人情味，并不意味着要将公司管理制度抛弃，而严格地执行公司制度，也不代表要将人性化与人情味丢掉。最完美的解决方法便是，有机地将此二者融合起来，管理上人性化，制度上严格化。这样一来，既可以让员工自愿遵守公司的规章制度，又能够让员工在人性化的管理下爆发出无限的激情，对管理者感激信服，对工作认真努力，从而为公司创造更高的效益。

不让员工怕你，要员工怕制度

在某些企业中，不少员工都对管理者惧怕不已，特别是犯错的员工，见到领导如老鼠见到猫一般。为什么员工对管理者如此惧怕呢？因为他们在公司的前途与命运都掌握在管理者的手中。员工害怕管理者好不好呢？很显然，这并非一件好事。倘若员工对管理者十分惧怕，那么员工就很难轻松地工作，特别是需要与管理者沟通时，员工会表现得谨小慎微，一副唯唯诺诺的样子，这对于工作的开展是很不利的。员工不怕任何人或任何事好不好呢？答案也是否定的。倘若员工天不怕、地不怕，无所畏惧，那么员工就会胆大妄为，无法无天，毫无规矩。那么应该让员工惧怕什么呢？正确答案是，要让员工怕制度，而非管理者。这样，才能够在人性化与制度化之间寻得一个平衡点，推动企业的发展。

某企业的老板明确提出了一个要求：开会时，禁止接打电话。然而，平时开会时，有些经理依然接电话。唯有老板出席会议时，经理们才会主动将手机设置为振动或是静音。只要老板不参加会议，经理们就会无视老板的规定，我行我素。

没多久，老板就发现了这个问题。于是，他再次将经理们聚集在一起开会，并且在会议室放了一桶水，然后郑重其事地说道："从今天起，不管是谁，只要在开会期间接打电话或发短信，就没收其手机，扔到这桶水中。"或许是事先就安排好的，老板的话刚

116

刚说完，他的电话竟然响了。于是，他看了大家一眼，一句话也没说，直接将自己的手机扔到了那桶水中。

随后，又有手机响了，是一个经理的。见状，老板直接走到他身边，拿过他的手机，丢到了那桶水中。老板的举动，震惊了在场的所有人。从那之后，任何人都不敢在开会的过程中接打电话了。

在管理学上，有一个"热炉法则"，是指当有人违背规章制度的时候，就要犹如触摸到了一个烧得通红的火炉，必须要让他接受"烫"的惩罚。在上面案例中，老板的做法就很符合"热炉法则"的要求，产生了非常不错的反面强化作用。

"热炉法则"的惩罚法则包括四个方面：第一，预警性原则——火红的热炉，犹如信号灯一般，提醒众人万不可触摸；第二，必然性原则——一旦你触摸了热炉，那么被烫伤是必然的，因此别存什么侥幸心理；第三，即刻性原则——一旦你触摸了热炉，那么在一瞬之间就会被烧伤；第四，公平性原则——任何人在触摸了热炉之后，均会被烫伤，热炉不会分什么远近亲疏，也不会分什么高低贵贱，对待所有人都一视同仁，公平公正。

不管什么样的企业，都要有一套规章制度，只要有人违反了，就应当受到惩处。在公司制定的规章制度中，应当明明白白地写清楚员工要做的事情，不应当做的事情，以及做了不应当做的事情就必须接受惩处。管理者唯有真正地做到公正无私、令行禁止，才算是实现了"热炉法则"。"热炉法则"要求管理者必须要有强硬的手段，义不容辞地维护公司的规章制度，不跟任何人讲情面。在这方面上，联想集团的柳传志就为所有的管理者做了一个好榜样。

联想出台了这样一条规则：只要参加会议的人数超过20人，谁也不允许迟到。只要迟到了，就要罚站1分钟。

然而，在这项规定颁布没多久，就有人违反规定了，而这个人偏偏还是柳传志之前的老领导，这让柳传志与那位老领导都觉得十分尴尬，可是柳传志却没有对老领导讲任何情面，严格按照规定执行，惩罚这位老领导站了1分钟。

柳传志不仅对别人铁面无私，而且他也是这样要求自己的。柳传志也曾经因为迟到先后3次被罚站，不管因为什么迟到了，柳传志从来都没有为自己找过借口，每次都乖乖地接受惩罚。

这就是柳传志，他给别人提出的要求，总是先自己做到。不允许别人去做的，自己也绝对不会去做。只要做了，就会心甘情愿地接受惩罚。他身体力行地用实际行动，维护了企业制度的威严，确保"热炉法则"能够将其作用发挥出来。

无独有偶，柯达公司曾经的全球副总裁叶莺在这方面做得也很好。

在叶莺的管理法则中，有一种惩罚与"热炉法则"的惩罚十分相似。在她看来，对于员工来说，最好的制裁便是罚款，因为这么做会碰触员工的实际经济利益，仅次于辞退、降职与降薪。

在叶莺眼中，倘若员工做了与公司制度相悖的事情，就是违背了她的管理规则，就一定要接受惩罚。因为员工最敏感的就是关乎他们经济利益的事情，所以对于员工而言，罚款这类惩罚措施可以起到相当大的警醒作用。与此同时，倘若员工在服从规章制度，并将其贯彻落实得非常好的话，柯达公司也会奖励给他们一定的金钱，以便有效地将他们的工作积极性激发出来。

毫无疑问，管理者的目的并不在于罚款，而是教育员工的一种手段。作为管理者，在对员工实施罚款的惩罚时，可能会产生不忍心的心理，感觉员工挣点钱也不容易，可是管理者心中必须要清楚，这种做法是有利于企业发展的。站在长远的角度来看，当企业的利益有了保障之后，对员工也是有很大的好处的。与之相反，倘若员工对公司的规章制度视而不见，那么其执行力必然会很低，进而对企业的经济效益造成不良的影响，甚至还可能造成公司倒闭、企业破产的严重后果。很显然，这个时候，员工的利益也是无法得到保障的！

古人云："皮之不存，毛将焉附？"管理者严格对待员工，实际上也是为了员工好。当然，在对员工进行惩罚以后，还要给员工摆事实，讲道理，让员工真正认识到自己的过错。唯有如此，遭受惩罚的员工才会对管理者的做法予以理解，才会真心接受惩罚，从内心深处对管理者产生敬意，对公司的规章制度产生畏惧。

对此，孔子曾经评论道："善为吏者树德，不善为吏者树怨。"作为企业的管理者，应当深刻地认识到自己所扮演的角色，要让员工真心信服，所以在对员工进行惩罚的时候，万万不能忘记对员工做说服教育工作，不要忘记对员工表达自己的情谊，让员工清楚地知道你这么做是在执行公司的规章制度，是对事不对人。如此一来，管理者才能够和员工之间保持友好而和睦的关系。

总而言之，若想成为优秀的管理者，不仅要严格执行好公司的规章制度，也要注意做好员工的工作，与员工保持友好的关系，让员工怕公司的规章制度，而不是怕管理者。

制度治人，拒绝破坏团队的"害虫"

企业的规章制度犹如一条"高压线"，让人不敢轻易触碰。然而，在现实中，有不少企业对制度的落实上缺少刚性的措施，造成了一种怪现象：处处都是高压线，就是经常不带电。之所以会出现这种现象，主要原因在于"好人主义"的泛滥，致使在对违章人员或事情进行处理的时候心慈手软，往往是将板子高高扬起来，然后再轻轻地落下去，基本没有什么痛痒，根本不能使制度变成携带电荷的高压线。

如果制度的高压线不带电，制度就会成为中看不中用的"稻草人"，丧失其权威性与指引力，而那些违反规章制度的"害虫"就会肆意横行，胡作非为。如果管理者不严厉地对这些"害虫"进行惩治，企业将永远没有安宁的日子，也就别谈什么企业的长远发展了。

康佳彩电在彩电行业中有着很高的知名度。康佳公司的规章制度中有这么一条：工作场合，禁止吸烟！但是，这个看起来似乎非常简单的事情，并不是所有员工都能够办到的。公司中有个十分优秀的技术员，很得公司领导的重视，进入公司没有多长时间就升职为车间副主任。在走上管理者的岗位以后，他更加积极努力地工作，做出了很大的成绩。

然而，这位车间副主任有一个不良习惯，即酷爱抽烟，而且有着相当重的烟瘾。因为公司有在工作场合禁止吸烟的制度，所以他不得不每天在上班以前狠狠地吸几口烟，吃完中午饭之后，再狠狠地吸几口烟，然后强行压制着自己的烟瘾，熬到下班。

有一次，车间副主任偶然间发现楼梯拐角处的隐蔽性非常好，而且他认为这里算不得是工作场合。于是，在侥幸心理的驱使下，他在上班的间隙来此处抽烟。非常糟糕的是，正当他抽烟时，恰巧被路过这个地方的副总经理看到了。

尽管副总经理当时并未对他做出太多的批评，可是，很快，公司的人力资源部就给出了这样的处理结果：第一，将车间副主任的职务免除；第二，给予一定的罚款惩罚；第三，全厂通报批评。

此事被公布于众以后，立即震惊了康佳公司的整个生产车间。许多员工都觉得这样的处罚太严厉，公司的管理太苛刻了。不过，自从此事发生以后，在工作场合再也没有出现过有人吸烟的现象。

或许那名车间副主任会不服气、不甘心，感觉自己实在是太冤枉了：不就是违反了公司那条不让在工作场合抽烟的规章制度吗？我下次改正就好了。给我一个口头警告，或者让我私底下写一个检讨书不就行了？罚我一两百块钱也行。结果，居然将我的车间副主任的职务撤销了，而且还在整个厂子内通报批评，这不是故意给我难堪吗？

但是，倘若每一个员工在违反了公司的规章制度之后都产生这样的想法，让公司管理者对自己从轻惩罚，那么公司的规章制度就不能产生万伏高压，不能震慑所有员工了。要知道，公司的规模愈大，管理的难度也就愈大，倘若每一个犯错的人，都要求管理者对自己法外开恩，那么公司的规章制度不就成了摆设吗？

对于违反公司规章制度的员工，倘若管理者不能对其用几剂

"猛药"，进行严厉的惩罚，只是单纯依靠一些软绵无力的手段，比如口头警告、口头批评或者记过等，那么很难让犯错的员工从心里认识到自己的错误，也不能对别的员工产生足够的震慑力。

而且，在现代企业中，有少数员工的脸皮是非常厚的。如果你只是口头批评、警告，他们一点儿都不会放在心上，日后依旧我行我素，屡教不改。所以，严厉的惩罚是非常有必要的。站在这个角度来看，康佳公司的管理层对那位吸烟的车间副主任的惩罚看似很严厉，但实际上却是极其明智的。因为通过此事让所有员工都认识到了制度的严肃性与不可违背性，很好地遏制了有规章不遵守、有制度不服从的现象。由此可以看出，让一部分人被"电一电"并非什么坏事情，至少能够将制度的"隐患死角"清除。

常言道："管事先管人，管人要管心。"一个只懂得对事情进行管理的人，只能称之为"总管"，一个懂得对人进行管理的人才可以被称为领导者。管心是管人的精髓所在，只有将人心管好了，你才能够达到人心所向，才能够让所有员工不管是从精神上，还是从行为上，都产生一种自发的意识，使每个员工都为了团队的目标而竭尽所能地工作，并且形成良好的职业习惯，最后实现员工的自我管理、自我发展以及自我进步。当然，在此过程中，企业这个团队才是最大的赢家。因此，若想成为一名优秀的管理者，就必须懂得"管事先管人，管人要管心"的道理，从人心开始做管理，杜绝那些破坏团队的"害虫"的存在！

第五章

激励管理

——让员工跑起来，激励其实并不难

懂得激励，管理会更高效

作为一名管理者，在管理员工的时候，必须要重视激励管理，懂得如何对员工进行激励。员工不仅是企业的主要组成成员，而且也是为企业创造价值的重要力量。只有员工满怀热情、干劲十足地投入到工作中，才能够为企业创造更大的价值，才能更好地推动企业向前发展。

其实，激励是管理中不可缺少的核心内容，用好了，会让大家获益匪浅。对于员工而言，倘若缺乏工作的激情，做起事情会拖拉散漫，连自己都会被这样的工作状态弄得十分难受，既无法跟上工作进度，甚至连基本工资都会被缩减。对于管理者而言，如果所有的员工都缺乏工作激情，不能按时完成工作，不能赚到钱，那么自己的工作业绩与心情也会受到很大影响。因此，管理者对员工实施激励管理，最终获得的利益是一致的，管理者与员工是互利互惠，皆大欢喜的。

那么，作为管理者应当如何对员工进行激励呢？不妨来看看下面这几个有用的方法。

1.制订员工工作进度标准

首先，管理者要对员工的进度有个确定的标准，该标准必须要简洁明了，让员工一看就明白。其次，员工工作进度标准一定要具体化，倘若规定的东西比较模糊，根本不能清楚明白地表达出来，那么即便有了规定，也会让情况变得很糟糕。再次，在制订这个标准时，必须要考虑其可行性，如果标准制订得过高，无论如何都不能实现，那一切都没什么意义了。最后，这个标准必须要与时间结合起来，耗费多长时间做多少事情，以此来判断员工的进度与成绩。唯有如此，这个标准才能真正地起到督促的作用。

2.规定明确的激励机制，提倡多劳多得

倘若员工不管干多干少，最终都得到一样的结果，犹如吃大锅饭一样，那么所有员工必然会失去激情。当每个员工都清楚地知道自己的工作效率，并且该工作效率与自己最终能领到的工资挂钩时，相信员工无须领导多管，就能积极主动地做事了。

3.制订一个高一些的标准

在日常工作中，有些员工习惯了懒懒散散、拖拖拉拉的工作方式，一旦让他们加快工作的速度，他们会觉得很不适应，甚至不知如何应对。这都是缺乏明确的目标，整日没有目的造成的不良后果。需要注意的是，标准要适当定得高一些，让员工通过努力才能完成，而且完成起来又有些困难，这样员工既不会产生骄傲自满的情绪，又不会产生过于懒散拖拉的情绪。

4.制订绩效的评定标准

管理者在对员工的业绩进行评定时，要有一个明确的标准。这个标准一定要与员工具体的工作紧密相连，以工作成绩作为其最高准则。这个标准要对每个人都有效，无论你是谁，都应当遵循该标准，禁止任何人搞特殊，这样才能让所有人心服口服。不过，如果

工作情况发生了变化，管理者也可以重新制订绩效的评定标准，这没什么可犹豫的，只要制订的绩效评定标准是合理的就行。

5.注意绩效考核的最终目的

管理者在实施这些做法的时候，还要注意绩效考评的最终目的，即尽可能地将员工的积极性调动起来。所以管理者要以对员工进行激励作为最终的目的，不能给员工太大的压力，或者制订太高的考核标准。要知道，激励员工并非激怒员工，激励的目的在于让员工更加卖力地工作，而激怒员工只会让事情越来越糟糕。

6.将绩效指标落实到书面上

对于绩效指标，管理者不能只是嘴上说说，而应将其落实到书面上，清楚明白地记录下来。因为口头东西与书面东西所产生的效果是不一样的，书面写出的会让人觉得更加严肃，更加正式，所产生的约束力量也会更大些。最明智的做法便是，将各种指标写下来后张贴出来，随时提醒员工，让员工自觉地积极工作。

7.制订一些具体的奖励

光有具体的绩效标准是不够的，管理者还要给员工一定的奖励。因为缺少了奖励，只是空口白话，根本起不到什么激励效果。可是有了奖励就不一样了，即便为了奖励，员工也会努力工作的。

其实，倘若员工都能积极主动、满怀热情地投入到工作中，那么管理者的工作就会变得容易多了。不管是谁，都有自己的想法，当人们不能按照自己的想法行事时，即便拥有再完善的制度，也不一定会有很高的工作热情。所以，激励才是管理者高效管理员工的重要方式。不过，在对员工进行激励时，管理者除了要对方法加以注意外，还要懂得下面的几项法则。

第一，尽量不要用命令的口气与员工说话。虽然管理者与员工之间的职位有差别，但员工也不乐意管理者说起话来总是一副命令的口气。因为不管是谁，都不愿意受到别人的支配，所以管理者在与员工说话时要注意自己的口气与用词。

第二，虽然企业有绩效考核的目标，可是每名员工的具体情况不同，因此，面对某些特殊情况，管理者可以酌情处理，专门制订一些适合他们的目标，加快他们的成长速度。

第三，当制订了某项工作任务或是制度后，管理者不可轻易将原来的决定推翻。不管是谁，都希望自己的工作有着一定的关联性，如果总是不断地发生变化，就会产生不知道如何应对的感觉，工作业绩也不可能高。

第四，倘若有员工达到了奖励标准，管理者就要及时地给予奖励。如果应当奖励之人却迟迟不能获得奖励，那么就会对员工的积极性造成很大的打击。

第五，管理者要让员工知道，同事应该是自己的好朋友。在企业或是办公室中，应当积极鼓励同事之间的友谊。当大部分员工都开始交朋友后，他们在工作的过程中就会变得更有默契，当遇到困难时也会更愿意互相请教，从而促使员工的工作热情与工作能力都获得很大的提高。

第六，管理者在批评员工时，语气要放平和。任何员工都可能会犯错误，只要及时改正即可。管理者在对员工进行批评时，一定要做到客观公正、语气平和，不要动不动就翻旧账，或用狠厉的言辞进行训斥，甚至用带有侮辱性的语言攻击员工。

第七，遇到问题时，管理者不要轻易做出判断。相较于错误的判断，什么都不做的效果要好得多。管理者应当明察秋毫，将事情的真相查清楚了再下结论。

第八，在对员工进行激励时，管理者要与员工保持互动，千万不要自说自话，要时常倾听员工的意见与建议。如此一来，管理者的决策才会与实际情况更相符，才会更得员工的心，让员工更加心甘情愿地接受。

总而言之，作为一名合格的管理者，必须懂得激励能使管理更有效的道理。在对员工进行管理时，使用好的激励方法，能使管理变得轻松起来。在这种情况下，员工会更乐意接受，管理者的管理会更高效，和谐成了主旋律。

赞美，既有效又不花钱的激励

每个人都想要得到他人的赏识与赞美。这种愿望一旦获得满足，人就能最大限度地施展自身的才能，最大程度地发挥自己的潜能。美国前总统里根曾说："对待下属适时给予表扬与激励，会帮助他们变成一个特殊的人。"明智的管理者要擅长适时、适度地对下属进行表扬。这种激励既有效又不花一分钱，常常会"夸"出不少心甘情愿为你办事的好下属。

无数实践证明，赞美是一种相当棒的激励方式。赞美下属，是管理者对其行为举止及其工作进行正面的评价，赞美是管理者发自内心地对下属的认可和欣赏。赞美的目的在于传达一种肯定的信息，激励下属。下属获得管理者的赞美之后，会变得更加自信，希望能够做得更好，从而更加认真、更加努力地去工作。

康涅狄格是一个很普通的主管，在她负责的事情中，有一项职责是监督公司的一个清洁工，查看他的工作情况。这名清洁工做得并不是很好，别的员工经常嘲笑他，甚至故意扔一些纸屑或是别的什么东西，增加他的劳动量。这种情况自然很糟糕，而且会对清洁工的工作质量造成很大的影响。

康涅狄格曾经尝试过很多种方法，可是效果都不好。不过她发现这名清洁工偶尔也会将某个地方打扫得很干净。于是，康涅狄格就趁着他有这样的表现时当着大家的面对他进行表扬，赞美他做得很好。从此之后，这名清洁工开始慢慢地改进工作，没过多长时间就能够将他负责的所有区域都打扫得干干净净了。如今，再也没有人挑剔他的工作了，其他人也开始赞美他的工作。

真诚的赞美可以获得意想不到的效果，而批评与耻笑只会令事情愈来愈糟糕。赞美能够调动下属的工作积极性与工作热情，促使下属快速实现工作目标，在员工管理中占据着相当重要的作用。洛克菲勒曾说："要想充分将员工的才能发挥出来，最好的方法便是赞美与鼓励。一个优秀的管理者，应该学会怎样真诚地赞美员工，引导员工认真努力地工作。我总是非常讨厌对别人做得不对的地方进行挑剔，而从来不会吝啬对他人做得好的地方进行赞美。大量的事实证明，不管企业的哪一项成就，均是在被嘉奖的状态下获得的。"对于管理者而言，赞美不仅有效，而且也不会花一分钱，但是它却可以带来极其丰厚的回报。倘若管理者学会了赞美，掌握了赞美的技巧，并且合理地将其运用到管理过程中，那么必然会获得令人意外的效果。

不过，管理者在赞美员工的时候，也要掌握一定的技巧，否则，很容易弄巧成拙，不但不会收获预期的效果，反而会带来不良的后果。那么赞美到底有哪些技巧呢？

1.赞美必须要及时

当下属做出一定的成绩，或是做了一件对公司有利的好事时，会希望被他人知道，并且及时获得他人的赞美，这并非贪慕虚荣，而是一种正常的心理需求。心理学明确表明，人的这个期待心理是有时限的，获得的赞美愈及时，人受到的鼓励愈大。倘若拖延了很长时间才得到表扬，就丧失了原本的味道，也就不会令人感到激动与兴奋了。因此，作为一名合格的管理者，必须要及时将你的赞美送给下属，即便下属只是进步了一点点，也不要忘记及时对他们进行表扬与赞美。

2.赞扬的态度要真诚

管理者赞美下属时，一定要秉持真诚的态度。不管是谁，都会对真心诚意加以珍视，它是人际交往中至关重要的态度之一。英国专门对社会关系进行研究的卡斯利博士曾经说过："大部分人选择朋友均是以对方是不是出于真诚而决定的。"因此，赞美下属的时候，管理者一定要确定被你赞美之人真的有这样的优点，并且具有充足的理由对他进行赞美，然后再真诚地去赞美他。管理者要避免刻板而空洞的公式化夸奖，或者没有一丝感情的机械性话语，那样只会让人感觉言不由衷而心生反感。

3.赞美下属的特性与工作结果

赞美下属的特性，是指要避免赞美下属的共性。作为一名管理者，在赞美下属时，必须要注意对这名下属与众不同的那部分特性进行赞美。倘若管理者对某个下属的赞美是每一个下属都具备的能力或是都能够做到的事情，那么这样的赞美不仅会令被赞美的下属觉得不自在，而且还会引发别的下属的反感。与此相似，管理者要赞美下属的工作结果。当下属彻底完成某项工作后，管理者可以赞美这项工作的完成情况。

4.赞美必须要具体

　　赞美下属时，管理者要注意针对的是下属的工作，而非针对下属本人，哪一件事情做得很棒，哪个地方值得赞美，必须要说得具体一些，这样才能使接受赞美的下属产生共鸣。比如，管理者可以赞美下属"你刚才结尾之处非常有创意"。这样一来，下属就可以清楚明白地知道什么地方做得很好。如果你进一步对其内在特质进行赞美："结尾之处做得非常有创意，可见你是一个创意十足的人"，就更能够使下属的心理满意度得到大大的提高。相反，倘若不管对谁，你都使用相同的赞美词语，使用刻板而空洞的公式化夸奖语句，或者没有一丝感情的机械性话语，你的赞美之词就会变得非常枯燥乏味、令人厌烦。

　　总而言之，赞美是一种既有效又不需要任何投资的激励方式。在实施管理的过程中，管理者千万别吝啬自己的赞美之言，真诚地给予下属赞美，会促使下属更加积极主动，更加热情高涨，更加竭尽所能地努力工作。

金钱激励与精神激励，最好"两手抓"

在现代管理中，有不少管理者激励员工时，总是用一个方法——不断地给钱。尽管有句老话叫"有钱能使鬼推磨"，但是钱并非万能的，人也绝对不单单为了钱而活着。用金钱激励员工，或许短时间内能取得不错的效果，但却不可能长久。

那么，如何激励员工才是最好的呢？除了钱以外，必须要在精神上激励他们。相较于金钱，精神要高出一个境界。可以说，金钱是生活的基础，而精神则为生活的升华；金钱存在着局限性，而精神却没有。将金钱与精神结合起来，做到金钱激励与精神激励"两手抓"，才是最明智的选择。

在现代企业中，金钱是员工所能获得的最实在的保障，可以让他们过上高品质的生活。不过，当金钱挣到一定数量时，就需要一些精神方面的激励来促使他们长久地保持动力了。

倘若员工不满意自己的薪资情况，就算管理者说得再好，要管好他们依旧不是一件容易的事情。薪资至少要跟得上社会的基本情况，倘若都达不到社会的普遍标准，再强的精神激励也没用。

按照马斯洛的需求理论，无论什么人，都存在着这几种类型的需求：生理需求、归属需求、爱的需求、尊严需求与自我实现的需求。在这些需求中，最基本的就是生理需求，唯有这项需求获得了满足，人们才能去追求更高层面的东西。员工最基本的生理需求便是挣钱生活，如果一家企业连这一项都无法满足，就别谈什么员工的精神需求了。当员工总是担心自己是否能够解决温饱问题，是否能够过得更舒服些时，他们根本不会有心思去想精神方面的事情。或许他们都无法较好地完成平时的工作，更别提什么理想之类的东西了。

作为一名合格的管理者，应当对员工如今所处的状态了如指掌，倘若员工还在为薪资的情况担忧，那么就需要在金钱方面对他们的需求予以满足，然后再考虑其他的事情。到底怎样做才能让员工真正感到欣慰，这是管理者应当认真思索的问题。唯有将员工最希望得到的东西给他们，才能够让他们激情四射，充满干劲。在金钱不充足时，适当地给予他们金钱；在金钱充足时，就要从精神方面对他们进行激励。因此，管理者要想真正激励员工，就要根据具体的情况行事，把金钱与精神结合起来，做到金钱激励与精神激励"两手抓"。

下面我们来看看要让员工积极主动地工作，需要哪些方面的因素。

第一，要让员工没有过大的生活压力。员工的吃住与睡眠等都不应当成为问题，如果连这些生活细节都出现了问题，那么他们必然不乐意长时间留在这里工作，更不要说积极主动地工作了。

第二，要让员工有安全感。如果员工每天都过得提心吊胆，担忧自己的工作做不好，不能令上司满意，担忧上司挑毛病，将自己解雇，整天都这么胆战心惊，怎么还能好好地工作呢？因此，对于员工而言，安全感很重要。

第三，要让员工对企业有归属感。即便员工在工作上没有烦恼，也需要对企业有归属感。缺乏归属感的员工，犹如无根的浮萍，随时都可能离开，唯有归属感才可以令他们落地生根。所以员工在哪里有心结，管理者就要在哪里下功夫，将他们的心结解开。当员工将企业视为一棵参天大树，并自愿在树下乘凉时，管理者就做得不错了。

第四，重视员工的尊严问题。除了归属感，管理者还应当对员工的尊严问题加以重视。不管什么人，活着都需要尊严，倘若员工只是犹如机器一般工作，没有任何的尊严，那么即便他们挣再多的钱也不会高兴。对于人而言，尊严是其最根本的属性，管理者必须要给予足够的重视。

当员工能够挣到钱，并且安心地工作时，他们的积极性与主观能动性就能发挥出来了，工作效率将会很高，整个企业弥漫着积极向上的氛围。

当然，不管在什么时候，金钱都是基础。用钱激励员工的方式十分简单，关键在于用金钱激励完员工以后，应当如何继续激励。如果想要让员工长时间保持激情，就要看管理者的本事了，这不单单是金钱可以做到的。

德鲁克说："对员工最大的激励便是帮助他们取得业绩，唯有业绩才能让他获得成就感。不是加薪，不是晋升，不是奖励，那只是结果而已。"

诚然，钱是至关重要的一部分，可是钱必须要与精神结合起来，做到金钱激励与精神激励"两手抓"。员工在将自己的生计问题解决之后，就会追求精神层面的东西，就需要获得成就感，需要提高自身的能力，等等。这种感觉犹如在体育比赛中大家都希望赢得冠军一般，它源自人们的内心深处，是一种相当真实的感受。每个人都想做好工作，即便不是为了金钱，不是为了他人的表扬，也要为自身的感受而负责。

不管是什么人，都希望拥有较强的能力，这样不仅能获得同伴的认可，而且也让自己通过努力拿到更好的回报。这种能看到的努力与收获是最让人兴奋与喜欢的，同时也是最能激励人心的。

著名心理学家赫茨伯格曾经说过："钱只是保健因子，而不是激励因子。"换句话说，想要激励他人，金钱是基础，真正对人产生较强激励作用的还是钱之外的东西。马斯洛需求理论说明，人们最想实现的是个人的价值。所以，金钱激励只是一小步，让员工产生实现自我价值的感觉，才是最为重要的一大步。

从各种理论我们能清楚地看到，激励员工，绝对不可以单纯地依靠金钱，应当做到金钱激励与精神激励"两手抓"。唯有如此，绝大多数的员工才会长久地保持高昂的激情与积极性，精神奕奕地投入到工作中，竭尽所能地努力工作。与此同时，管理者的管理工作也会变得简单而有效，犹如"烹小鲜"一般。

因人而异，激励也要对症下药

"人有千种，面有千形。"不一样的人有不一样的心理与个性。在一个千人拥有千张面孔的大熔炉当中，管理者应当怎样激励这些不同的下属呢？我们可以做到的是顺其个性，添加一部分东西，使他对自己的行为进行改变。

《谏论》中有这样一个小故事。

有三个人，一个人非常勇敢，一个人半勇敢半胆小，一个人相当胆小。有一次，苏洵带着这三个性格不同的人来到一个渊谷旁边，严肃地对他们说道："能从这条渊谷跳过去的人，才有资格称得上勇敢，否则便是胆小之人。"

那名勇敢的人顺利地跳了过去，而那名半勇敢半胆小以及那名完全胆小的人不敢跳。

苏洵对这两个人说道："谁能够从这条渊谷上跳过去，我就拿出一千两黄金奖励给谁，跳不过的人就不给。"

在这种情况下，那名半勇敢半胆小的人顺利地跳过去，而那名完全胆小的人依旧不敢跳。

突然，一只体型硕大的猛虎飞奔而来，眼看就要扑到那个胆小的人身上了。在这种情况下，那个完全胆小的人快速地从这条渊谷上跳过去，犹如跨过平地一般。

从这个故事中，我们很容易看出，要求三个人去完成同样的一件事情，却需要使用三种不一样的条件来对他们进行激励。倘若仅仅使用同一种条件，很明显是没有办法令三个人都心动的。管理者激励下属的时候也是这样，对于不同的下属，就要使用不同的态度与方法，才能获得好的效果。

1."指挥"型下属

"指挥"型下属最大的特点便是总是喜欢用命令的口吻让别人做事情。面对这种类型的下属，管理者在选择激励方式与方法时，必须注意下列几点：第一，在能力上，管理者要超过他们，让他们对你心服口服；第二，给予他们方便，帮助他们通融人际关系；第三，让他们在工作中弥补自身的不足，不要直接指责他们；第四，避免让效率比较低下与做事优柔寡断之人与他们合作；第五，容忍他们"不请自来"的帮忙；第六，巧妙安排他们的工作，使他们感觉是自己对自己的工作进行安排；第七，当他们抱怨别人蠢笨、干不好工作时，认真地询问他们的想法。

2."关系"型下属

"关系"型下属所关注的对象是人，而非目标，他们的工作目标便是打通人际关系线。面对这种类型的下属，管理者应当考虑使用下面的激励技巧：第一，多关注他们的私人生活，与他们谈话的时候，要重视沟通技巧，让他们真切地感受到尊重；第二，因为他们的责任心较弱，所以管理者可以承诺为他们承担一定的责任；第三，管理者要注意给他们机会，让他们充分地与别人分享感受；第四，不要让他们感受到遭遇了挫折，会因此而感到忐忑不安；第五，将关系看作团体的利益来建设，他们会对此表示十分欢迎；第六，在安排工作的时候，要强调工作的重要性，明确指出如果不能完成工作将会对他人造成什么样的影响。

3."一般"型下属

通常来说，在企业中，非常出色的下属与表现十分差劲的下属均占少数比例，而占很大比例的是水平能力一般的下属，是否能够有效激励这部分下属，在很大程度上直接影响着企业的效益。因为这种类型的下属业绩很一般，没有什么突出表现，很少会受人关注。倘若管理者对这类下属的表现给予足够的重视，会让他们受宠若惊，将他们的积极性激发出来。当然了，协助他们制订职业发展计划，定期在他们的工作上给予一定的指导，也会让他们真切感受到领导对他们的关怀与重视，促使他们的自信心得以增强，促使工作业绩获得较大的提升。

4."多面手"型下属

"多面手"型下属拥有深厚的专业基础、较广的知识面、很强的意志、综合以及创新能力，他们能深谋远虑，也擅长出奇制胜。面对这种类型的下属，管理者可以通过经常调换工作岗位的方法，充分将他们多方面的才能发挥出来，积极激励他们，使之在工作各个方面尽情地展示自我，做出优秀的成绩。

5."智力"型下属

"智力"型下属善于思考，拥有非常强的分析能力，有自己的想法。他们喜欢用数字说话，用事实说话。管理者在对这部分下属进行激励的时候，应当注意以下几点：第一，肯定这类下属的思考能力，对他们的分析表现出很大的兴趣；第二，对他们要完成的工作目标予以提醒，不要过度追求完美；第三，不要直接批评他们，而是给他们提供一个思路，让他们自己发现错误；第四，不要采用突袭的方法打扰他们；第五，对于他们来说，相较于沟通技巧，诚意更加重要；第六，赞美他们的某些发现，因为这是他们通过努力思考而获得的结论。

6."工兵"型下属

"工兵"型下属的主要特点为喜欢埋头苦干。他们做起事来既细致，又谨慎，尤其是在处理程序性的工作上往往表现得特别优秀。对于这种类型的下属，管理者在选择激励技巧的时候要注意这几点：第一，对他们的工作表示支持；第二，给他们较高的报酬，奖励他们的勤勉，保持管理的规范性；第三，多给他们想办法、出主意，让他们更好地完成工作。

激励并非心血来潮，需要制度的保证

对于管理者而言，激励员工并非一时心血来潮就能做好的。不管什么事情，都要有所准备，因为机会是留给有准备的人的，未雨绸缪才能将事情做到最好。管理企业也是这样，若想长久而有效地激励员工，就必须要有制度的保证。

在现实管理中，很多管理者激励员工时，总是会犯这样或者那样的错误，其最终的结果就是，管理者使用了不少激励措施，却仍未调动起员工的积极性，员工慢慢流失，经验丰富的老员工愈发少了。企业的业绩有可能会变得非常低，员工也经常迟到、早退或是缺席。

管理者如果想要尽量少犯错误，首先就要弄清楚激励员工时存在着哪些误区。

第一，觉得员工的忠诚度很高，就是他们很满意现状，他们能够充满激情地去工作。有的员工之所以会留在企业，并不是因为他们多么喜欢这份工作，也不是他们怀着多么大的热情，可能只是因为他们比较满意企业提供的福利待遇，又或是他们知道倘若离开，需要付出相当大的代价，所以他们才没有离开企业。因此，忠诚度很高并不意味着他们的心里就高兴，也不意味着他们工作的积极性就很高，就能满怀激情地投入到工作中。与之相反，或许他们不仅严重缺乏创新思想，对不少事情都没有兴趣，也不乐意改变什么，才选择留在单位。倘若这种人很多，而管理者却觉得企业没有任何异常，那么就非常危险了。

第二，觉得高薪能解决激励的问题。前文已经讲过，单纯的金钱激励并非最好的激励，激励员工除了需要金钱之外，更需要精神激励。因此，尽管薪资待遇十分重要，可是倘若过分地夸大其作用就不对了。

第三，觉得已经将员工最想要的东西提供给了他们。不管什么事情，都没有办法做到尽善尽美，唯有注意发现问题与解决问题，才能慢慢地做得更好一点儿。不自满才有进步的可能，如果总是觉得做到最好了，反而可能有许多事情都没做好。而且，不同的员工，其追求也是不一样的，有的员工追求金钱，有的员工追求荣誉，有的员工追求发展前途，有的员工追求稳定，等等。管理者如果想要将每一个员工都激励起来，就需要为他们提供许多东西，绝对不能自满。

第四，觉得满意度是最重要的，结果会被员工牵着鼻子走。员工或许会对企业有意见与不满，为了提升员工的满意度，管理者可能会遵从他们的意愿方面来调整。可是，管理者要知道，正如一个人不可能得到所有人的喜欢一样，企业也不可能让每一位员工都感到满意。企业要按照员工的特征，尽可能地为其创造一个好的环境，而员工也要尽量去适应企业的环境。这是一个需要企业与员工双方磨合的过程，绝对不可以任由其中一方牵动整个局面，管理者应当以提升企业的整体效益作为最高的准则。

第五，当遭遇挫折时就不再坚持对员工进行激励而选择了立即停手。对于企业而言，激励员工属于一个长期的策略问题，倘若遭遇困难，就随便放弃，就等同于将企业一直坚持的目标放弃了，是非常不明智、不可取的行为。

第六，只是从表面上做文章。选择了激励员工的方式，却不影响企业原本的制度等，或者只有少数员工对此事有兴趣，那么这种激励极有可能是没有任何效果的。如果管理者无法觉察到这点，让激励变成表面文章，这种激励不会产生一丁点儿的作用。

许多管理者之所以会走入这些误区，就是因为缺乏完善的激励制度。要对员工进行激励，往往需要先透彻分析员工的需求。倘若没有好的制度，只是单纯地依靠管理者一时的感觉来做决定，那么很难获得预期的激励效果。

缺乏激励制度，管理者在未曾认真分析员工需求的情况下，就十分轻率地做出决定，并且未曾重视员工个体之间存在的差异，获得的效果必然不可能好。与此同时，由于缺乏固定不变的激励制度，也就不会有相应的约束体系，这就非常容易出现半途而废或是跑偏的情况。

有些企业在鼓励员工将既定目标完成的过程中，会制订不少激励方法，可是当该目标完成之后，却不实现这些方法。这种虎头蛇尾的激励方式，会令员工产生极大的反感。它虽然可能会在短时间内取得一定的效果，但绝对不是长久的计策。

古人云"行百里者半九十"，许多事情只有坚持下去才会收到良好的效果，激励也是这样，因此，必须要有激励制度，还要有约束体系来对员工进行规范与管理。

不过，在制订激励措施的时候，管理者应该考虑下列几个方面的因素。

第一，必须要重视钱的问题。在用精神或是别的方面的东西激励员工以前，最好先发给员工充足的金钱。倘若员工的薪资都处于缺失状态，那么就没有了安身的基石。

第二，由于员工的需求不同，在制订激励机制时，对类型各异的员工要采取不一样的激励机制。举个例子，面对年轻的员工，不妨给他们一个能够预见的美好未来，更多地站在精神层面去实施激励；面对年纪大些的员工，不妨站在工作稳定性的角度来令他们安下心来。

第三，要将绩效与奖励制度结合在一起，倘若取得优良绩效的员工得不到任何的奖励，那么他们的工作热情便会慢慢地消退。另外，这个奖励的程度也不能过低，因为如果员工都对该奖励不重视，那么它就失去了应有的作用。

第四，激励制度必须要公平合理。不管什么事情，都要秉持公平的原则，倘若无法做到公平，必然会生出许多事端。激励制度应当是可持续性的，不能因为企业的某些人事变动而发生一定的改变，不然的话就丧失了其公平性与权威性。

制度属于一种企业文化。若想将激励制度做好，除了使制度保持正确性以外，还要有制约的机制。正如国家需要法律的约束来保障其正常运行一样，企业的激励制度也需要监管，这便是制约机制存在的意义。

任何企业都拥有自己的精神文化，而该精神文化就是以制度文化作为载体的，在制度文化的硬性基础上，精神文化才慢慢发展起来。激励制度与精神文化一直都是相互作用的，激励制度让精神文化有了创立的基础，而精神文化又会令激励制度变得更加有效。当企业拥有了科学的激励制度，并且可以顺利地将该制度推行下去的时候，该企业的员工就能够持续地将激情延续下去。员工充满了激情，整个企业也会变得活力四射，促使事业如日方升。

多重激励保障，引爆员工无限潜能

人心是极其复杂的，每个人的想法是不同的，所以，管理者在对员工进行激励，对他们的潜能进行激发时，不能仅仅依靠单方面的激励，要有多重激励保障。

员工是否能够保持长期的激情，在很大程度上取决于企业是否拥有完善的多重激励保障。唯有多重激励保障才是科学而合理的，才能充分地调动员工的积极性，促使员工的个人素质获得持续的提升，引爆员工的无限潜能。

那么，多重激励员工的积极性，主要包括哪些方式呢？

首先，管理者可以采用目标激励。

每个人都有多种需求，其中一条便是实现自己的价值，这是人们所追求的最高层次。采用目标激励员工通常都是非常有效的，可以让员工不断挖掘自身的潜能，做成许多出人意料的事情，出色地完成各种任务。

其次，管理者可以适当地给员工"戴高帽"。

每个人都喜欢听别人的夸奖，就算知道这个夸奖或许有些过头，可还是会觉得很顺耳。俗话说得好："十句好话能成事，一句坏话事不成。"在管理员工时，管理者可以适当给员工戴一戴"高帽"，说几句夸奖的话，可以让管理变得更加顺利。与此同时，员工若想进步，必然会面对很大的压力，遭遇不少困难。在这种情况下，如果管理者适当给他们戴戴"高帽"，可以帮助他们增强自信心。至少，他们会明白管理者是看好自己、认同自己的，这样一来，他们会从心理上肯定自身的能力。

小王大学毕业后在某手机游戏开发公司上班。尽管小王满怀热情地投入到工作中，可是发行了几款手机游戏后，并未收到预期的效果。于是小王对自身能力产生了怀疑，做起事情来也变得不自信了，再也没有以前的激情了。

事实上，小王已经做得很好了，但是由于手游的开发商实在太多，一个小公司开发出来的游戏，想要从如此多的手游当中崭露头角，必然会遇到重重困难。尽管由小王负责开发的那两款游戏并未取得太大的反响，但玩过该游戏的人所给的评价还是可以的。倘若能持续积累，或许过段时间之后，他就可以开发出更棒的手游了。

领导得知此情况后，决定给小王戴一戴"高帽"，表扬他一番，让他恢复自信心。因此，开会时，领导当着所有员工的面儿夸奖小王，说他工作认真，说他潜力很大，做得非常棒。

在领导的夸奖下，小王慢慢恢复了自信，又充满激情地投入到工作中了，做事效率也随之提高了很多，给公司创造了更大的价值。

在激励员工时，"戴高帽"不失为一个好办法。实际上，例子中的小王可以代表现在大多数年轻员工，他们由于缺乏工作经验，当一段时间没有获得明显进步时，就会对自身能力产生怀疑。此时，管理者适当夸奖他们，给他们戴一下"高帽"，会非常有利于他们的成长。

在此过程中，管理者还要注意，别只顾着给员工"戴高帽"，将话说得过于离谱。倘若管理者夸奖下属时说得离事实太远，不仅收不到预期的效果，还会招来员工的反感，觉得管理者是在嘲讽他们，心里更加难受，进而更加影响工作。

再次，管理者要有气度，允许员工超过自己。

现实中，有些管理者总是担心员工会超过自己，似乎倘若员工的能力比自己强，会让自己脸上挂不住，也没有办法驾驭这样的员工。这些管理者在面对能力较强的员工时，不仅不想着怎么激励员工，反而会有意识地去压制员工。殊不知，管理者要带领的是一个团队，团队中出色的人越多，团队才能有更强的战斗力，企业才能获得长久的发展。

卡文迪许实验室是英国非常有名的实验室，培养出了25位诺贝尔奖获得者。卡文迪许实验室的首位主任名叫麦克斯韦，发现了电磁波。第二位主任名叫瑞利，不仅拿到了诺贝尔奖，还是英国皇家学会的主席。

瑞利曾说："到了60岁以后，不管什么新思想，我都不发表意见了。因为60岁后许多时候会对新思想产生阻碍的作用，而且我们有不少例子说明，有时候权威会反对新思想。"瑞利的精力都用在培养人才上。

后来，28岁的汤普森通过努力发现了电子，这也是卡文迪许实验室在培养人才上又一个成功的案例。作为导师，汤普森也做得很好，又培养了7名诺贝尔奖获得者。之后，卢瑟福成了实验室的领导，他也相当厉害，不仅是原子物理的奠基人，还培养出了12名诺贝尔奖获得者。布莱克是卡文迪许实验室第五代主任，他在上任后，做了一件在当时出乎所有人意料的事情——将精力从基本粒子研究上转移出去。

人们都觉得他的做法是对恩师卢瑟福的背叛。但是，随着时间的推移，再也没有人说布莱克做错了，因为倘若继续研究基本粒子，需要耗费大量金钱，这并非是那个时候的英国能承受得起的。正是由于布莱克有先见之明，才开辟出了一片全新的天地，也获得了万众瞩目的成绩。

从卡文迪许实验室的事情中，我们很容易看出，管理者总是会被人超越的，年龄大的会被年龄小的超越，正如"长江后浪推前浪"一样，这是不可改变的自然规律。常言道"强将手下无弱兵"，如果管理者想要成为一名强将，那么自己的下属就要强。员工能够超过自己，实际上不管是对员工本人，还是对整个团队来说，都是一件好事。

其实，管理者就相当于古代的元帅，不需要过多考虑自己拥有多么强大的战斗力，只要协调好手下的兵将，将大家的心笼络在一起，使大家团结一致，努力拼搏，这就足够了。

最后，管理者要时刻注意激励员工的积极性。

在激励员工时，管理者要注意方方面面，尤其要时刻注意激励员工的积极性，让其总能积极主动地工作，高高兴兴地享受工作，而非应付公事，敷衍了事。为此，管理者可以在平时的细节上多下功夫，多关注员工，最好能不动声色地激励他们，使之心甘情愿地为企业努力奋斗。

激励员工并非一朝一夕的事情，也不是简简单单一个方面就能完成的事情。唯有多重激励保障与管理者的气度结合起来，时刻注意对员工进行激励：在心理上用目标激励员工，使之有奋斗的方向；在情感上及时给予表扬，使之信心十足，积极工作；在气度上要允许员工超过自己，充分挖掘员工的潜能，最终才能取得预期的效果。当然，物质上的激励也必不可少，《道德经》中说"圣人为腹不为目"，不管是谁，都是要吃饭穿衣的，没有物质做基础，一切均是空的。总而言之一句话：明智的管理者会运用多重激励保障，引爆员工的无限潜能。

第六章

授权管理

——从"无为"到"无所不为"

学做放权的刘邦，拒做专权的朱元璋

汉高祖刘邦曾经当着大臣们的面问了这样一个问题："吾何以得天下？"大臣们的答案可谓是五花八门，但都没有说到要领上。于是，刘邦自己将正确答案说了出来："我之所以能有今日，要得力于三人。运筹帷幄之中，决胜千里之外，吾不如张良；镇守国家，安抚百姓，不断供给军粮，吾不如萧何；率百万之众，战必胜，攻必取，吾不如韩信。三位皆人杰，吾能用之，此吾所以取天下者也。"

从刘邦的这段话中，我们不仅看到了慧眼识英才的重要性，更看到给予下属足够的信任，正确授权的重要性。说起授权，或许有一部分管理者会有这样的想法："倘若我将权力授予了下属，那么我手中所掌握的权力就会变少了。这样一来，作为管理者，我的地位岂不是名存实亡？而且，下属拥有权力以后，倘若任意妄为，不听从我的指挥，届时我可怎么办呀？"其实，授权并不意味着完全放权，授权仅仅是交给下属一部分权限，让他们自由地将自身的才能发挥出来，将自己的才华展示出来。根本性的大权依旧被领导者掌握在手中，这就好比放风筝，领导者自始至终都抓着风筝的线。当风筝的飞行路线出现一定的偏差时，领导者只需要轻轻拉一拉手中的线，就可以让风筝遵从自己的想法进行飞行。

更何况，授权的根本目的在于经营管理好公司。倘若领导者将太多的精力都放到了权力的争夺上，总是紧紧地攥着权力，不肯放一点儿手，那么单纯地依靠你一个人的力量，是很难管理好公司的。这也是为何有些领导者每天忙得不可开交，甚至都将身体累垮了，公司的发展却依旧没有达到预期水平。之所以会出现这样的结果，其根本原因就在于这些管理者不懂得授权的重要性。倘若他们懂得正确授权，管理将会变成一件很轻松的事情。要知道，正确授权可是有诸多益处的。

第一，正确授权可以大大减轻领导者的工作负担，使领导者可以集中精力去处理更为重要的问题；第二，正确授权可以表达领导者对下属的信任，充分地将下属的创造力激发出来；第三，正确授权可以很好地将下属的积极性调动起来，满足下属对权力的欲求；第四，正确授权对于发现人才、锻炼人才与培养人才都是非常有利的；第五，正确授权对领导者取长补短有很大的帮助，可以促使团队协作的效率以及团队的整体力量都得到大幅度的提高；第六，正确授权可以有效防止领导者独断专行，对降低决策风险、减少决策失误导致的损失有很大的帮助。

在正确授权上，刘邦做得相当好。在刘邦的团队中，有出身贵族的张良，有当过县吏的萧何，有做过游士的陈平，还有鼓手周勃以及屠夫樊哙……在刘邦的组合之下，这些人都做着各自比较擅长的事情，帮助刘邦打天下。在用人方面，刘邦坚持"用人不疑，疑人不用，敢于大胆放权"的原则。当年，他将四万两黄金交给陈平之后，就不再过问此事了，充分表现出他对陈平的信任。在这样的情况下，陈平才得以发挥出自己的才能。楚汉之争中，陈平利用楚霸王项羽多疑的性格，使用黄金收买人心，成功地使了一个反间计，促使项羽逼走了范增，最终帮助刘邦打败了项羽。

相较于刘邦的明智授权，明太祖朱元璋的专制集权做法就非常愚蠢了。朱元璋创建明王朝以后，马上就暴露出了专权的做法，诛杀开国功臣，采用文字狱、廷杖的方式凌辱官员，废丞相，将大权集中到自己身上。这些专制的做法使得那个时候的读书人都不乐意步入朝廷，宁愿做个隐士，结果，明王朝的朝廷中一时之间人才凋零。全国军政大权都集中到皇帝一个人身上，导致皇帝政务非常繁忙。

其实，管理企业和治理国家一样，如果管理者搞专制主义，是很难管理好企业的。只有懂得放权的道理，正确授权，给予员工将才能发挥出来的机会，才能够借助众人的力量，创建出一支战斗力彪悍的团队。

思科公司的前总裁名叫约翰·钱伯斯，他是一个非常懂得授权之道的人，是最愿意给下属授权的老总。他自己曾说过这样一句话："相较于历史上任何一家企业的总裁，或许我是最乐于放权的，这让我可以自由自在地旅行，有充足的时间去寻找可能的机会。"

钱伯斯常常对下属说："能力最强的管理者并不意味着掌控大权、搞集权统治，一大群人总是能够将一个人打败的。倘若拥有很多得力的助手，就有机会建立一个杰出的团队与杰出的企业。但是，倘若你没有勇气给助手们授权，那么他们就没有办法充分地将自身才能发挥出来。如此一来，你的团队的效益就不容易提高，你的影响力也将遭受限制，这极其不利于你掌权。"

在钱伯斯眼中，出色的管理者根本不需要大包大揽，亲力亲为，而在于科学合理地对手下的员工进行统筹安排。他曾经说道："我在很久以前就学会了怎样放手管理。你不可以让自己成为障碍，成就一个快速增长公司的唯一方法便是，聘用在各个专业领域里比你更加聪明、更加能干的人，使他们熟悉他们要做的事情，要时常靠近他们，以便让他们持续听见你为他们设定的方向，然后，你就可以离开了。"

在思科，身处高层的管理者只负责将企业发展的战略与目标确定下来，创建公司所需要的文化，然后给基层放权，使更多的基层人员享有决策的权力。如此一来，公司的不少事情等于取决于市场，因为基层人员非常了解市场。将权力下放给基层人员，可以使决策的质量取得较大的提高。在这种授权文化的影响下，思科迎来了一个又一个飞速发展时期。

作为领导者，在将一个战略目标确定下来之后，就应该让下属自主地将自己的聪明才智发挥出来，自行实现这个目标，如此一来，才能够充分调动下属的积极性。管理者绝对不要经常干预员工的具体工作，只需要为员工指定方向，将具体的事情交到员工手中就可以了。

作为管理者，你必须要明白，一个人的能力是有限的，就算你的才华再出众，如果单纯地依靠你一个人来指挥一切，你肯定是忙不过来的。所以，你一定要懂得授权的重要性，学会正确授权，让所有员工都动起来，让大家自觉、自发地在自己擅长的位置上做事，这样才能实现高效管理。

可管"头与脚"，但别"从头管到脚"

对于管理者而言，权力是其最大的依仗，拥有了权力后，管理者才可以实施高效的管理。然而，很多管理者都将权力视为对他人的监控，对个人权威进行显示的工具。最典型的表现便是，不管什么事情，企业战略目标的制订也好，战略目标执行的具体环节也罢，都要——过问。在这样异常严格的控制中，最忙碌、最疲惫的人是管理者，而最失望、最反感的是下属，结果，企业迟迟打不开发展的局面。

作为管理者，其主要工作就是确定战略目标，然后找到合适的人去实施即可。在这个方面，孔子的学生子贱的做法就非常值得我们学习与借鉴。

有一次，子贱去某个地方做官。子贱正式上任之后，并没有像人们想的那样忙碌，他常常有时间弹琴自娱，表面上好似不怎么管理政事，但是他所管辖的地方却被治理得非常好，一切事情都井井有条，百姓都能安居乐业。那名卸任的官吏想了很长时间都没有想明白这是怎么回事，因为他在任的时候每天都非常繁忙，一天到晚忙得脚不沾地，但却并未将地方治理得很好。于是，他找到子贱，虚心地请教道："为什么你可以治理得这样好呢？"子贱回答："你只是依靠自身的力量去行事，因此非常辛苦，而我却是借助他人的力量来完成任务。"

156

明智的管理者都应当向子贱学习，正确利用下属的力量，充分地将团队协作精神发挥出来。这不但可以使团队快速成熟起来，而且也能够有效地减轻管理者身上的担子。

作为一名管理者，应该去管的事情，比如，企业战略的制订、任务的下达等，必须要管，而且还要管好了，可是不应当管的就坚决不要去管。如果你管得太多，就会令员工产生厌烦的情绪，因为他们会觉得你不信任他们，你限制了他们的自由。关于这一点，下面这个案例可以说是非常贴切的。

有一次，通用电气公司组织高层管理人员做了一次非常特殊的培训游戏。在游戏正式开始的前一天，杰克·韦尔奇将耐克帽与耐克鞋逐一发给了每一位参加者，然后，问了大家一个问题："大家知道我为何要将帽子与鞋子发给你们吗？"大家回答说："因为明天会有登山活动吧。"

韦尔奇接着问："如果我还给你们发一些衣服，甚至将内衣裤发给你们，你们会有怎样的感觉呢？"大家不约而同地摇了摇头，回答道："不要，千万不要！会有一种怪怪的感觉，让人觉得非常不舒服。"

韦尔奇笑着说道："这就对了！你们不要，我也不应该给。"

管理的真正奥妙在于"管头管脚"，但别"从头管到脚"，如此才能让管理变得更加简单，更加有效。然而，不少管理者都存在一个通病，即他们习惯了相信自己，不放心别人，常常对别人的工作指手画脚。于是，这个通病就形成了个怪圈：管理者总愿意"从头管到脚"，事必躬亲，独断专行，疑心病重。这也使得下属们愈发感觉备受束缚，很不舒服，慢慢地就丧失了主动性与创造性。久而久之，企业就会患上"弱智病"。所以，作为一名合格的管理者，必须要明白"从头管到脚"的重大危害。

第一，管理者干涉太多，会让员工无所适从，太多的细节会掩盖住真正的工作重点。

第二，员工不可能学会独立行事，因为管理者将所有的经验都告诉给他，他就会按着管理者的方式去做事，而非自己探索与创新。一旦碰到了什么困难，他首先想到的就是找管理者，而不会独自思考问题，独立解决问题。

第三，员工严重缺乏自由。当管理者"从头管到脚"的时候，员工就会丧失工作的自由，他们的工作思路与方式等均会遭到束缚，使其无法发挥出自己的主动性。这种情况下，团队的力量就变成了管理者的个人力量。就算管理者再怎么能干，也无法抵挡得住来自四面八方的攻击。

第四，管理者的工作量大幅度增加。倘若管理者"从头管到脚"，在无形当中管理者的工作量就会大幅度增加，管理者就会将原本属于自己的工作时间，白白浪费在下属身上，而自己应该做的工作却不能顺利做好。

在对"从头管到脚"的危害有了深刻的认识以后，管理者不妨选择"管头"与"管脚"的管理方式。为此，管理者要注意以下两点。

1.解决两个问题——"做什么"与"谁来做"

要想将"头"管好，管理者就要重点将两个问题解决，即"做什么"与"谁来做"。"做什么"属于企业战略、企业目标，而"谁来做"属于授权的问题。换句话说，管理者要清楚明白地对企业的未来进行描绘，将战略路线以及具体目标设定出来，然后把具体的目标交到适合的员工手中，让之去完成。

作为一名合格的管理者，需要做的就是为员工创建一个轻松、信任并且可以得到大力支持的工作环境。杰克·韦尔奇曾说："我的工作就是将最广阔的机会提供给最出色的员工，并且最合理地对资金进行分配。这便是全部。传达思想，分配资源，然后将道路让开。"与此同时，在各个职位上放上合适的人，然后让其负责各自适合的工作，如此一来，就能够最大限度地将员工的潜能激发出来。

2.让工作结果成为衡量成败的唯一标准

如果要想将"脚"管好，管理者就要坚持以工作的结果来进行判断。比如，在越野比赛中，只要规定好起点、终点以及比赛的路径，每个人都能依靠自己的方式冲击冠军。至于哪个人跑得快，哪个人跑得慢，以及为什么跑得快，为什么跑得慢，越野比赛的举办方根本不会去关心。

同理，在实施管理的过程中，管理者不妨也这么做。举个例子，有的高科技公司的工作时间具有很大的弹性，从来都不管员工几点上班，几点下班，上午做了什么，下午做了什么。对于特定的任务，他们只将完成期限告知员工，至于员工具体如何做则完全由员工本人决定。最后，公司会以结果来衡量员工的工作业绩。如此一来，员工就有了足够的空间，进而会更努力地给予公司回报，最终形成了一种良性循环。

授权的对象，要挑选好

对于管理者来说，授权的第一步就是挑选合适的授权对象。如何挑选出合适的授权对象呢？这就要求管理者认真仔细地考核准授权对象，了解其人品、能力、工作经验以及特长等。比如，看他最擅长的工作属于哪种类型，看他有没有能力做管理人员，看他目前负责的工作与将要授权的工作联系得紧不紧密，看他的工作绩效怎么样，看他做哪种类型的工作才会热情高昂，看什么工作最能将他的创造性激发出来，看他对什么工作最有兴趣，等等。

著名管理学大师杰夫说："擅长发现人才还是第一步，唯有真正地用好人才，才能够真正产生效益。"由于每一位员工的特长与优势都是不一样的，唯有将员工安排在最合适的工作岗位上，才能最大限度地将他们的潜力挖掘出来，使他们将工作做到最好。

在柯达公司的发展过程中，曾经有一段时间为了进行企业改革，先后更换了五位职业经理人，但非常遗憾的是，最终均以失败告终。柯达股东对这接二连三的失败很是不满，迫于强大的压力，当时担任董事长之职的凯伊·R.怀特辞职，然后由乔治·费雪出任公司的总裁职务。

费雪当时已经53岁了，他曾经任职于贝尔实验室与摩托罗拉公司。他心中很清楚柯达面临的困难，可是在媒体对他采访，询问他打算采取哪些措施带着柯达从困境中走出来的时候，他轻描淡写地回答道："柯达本身就拥有自己的优势，我希望在公司如今的基础上，寻找让人鼓舞的增长。"

听到这么简单的回答，很多人都万分惊讶，不少媒体觉得他这个人并没有什么真才实学。著名的分析家格勒热还说："在我看来，没有人可以做到这样。可是倘若费雪真的做到了，那么将会是商界一个非常伟大的奇迹。"很显然，外界人士都不相信费雪可以帮助柯达从不利的发展局势中走出来。

费雪上任以后马上放了"三把火"，第一把"火"开展电子学产品业务，第二把"火"压缩贷款，第三把"火"增强企业产品宣传。这"三把火"，带领着柯达一步一步地从困境中走了出来。此时，那些自以为是的市场评论家才真正意识到，柯达高层那个时候将费雪找来，让其出任公司总裁的决定是多么的英明。

费雪用实际行动证明，柯达公司管理层最合适的授权对象就是他。从柯达公司管理层的角度来看，选对了授权对象，就意味着企业管理已经成功了一半。因为将合适的人置于合适位置上，才能最大化地发挥出人才的潜力，才能获得成功。在这一点上，福特汽车公司也有一个经典的案例。

1903年6月，亨利·福特创办了福特公司。公司成立以后，设计出的"A型车"在一年时间内就卖出一千多辆。随后，他又成功设计出了多款车，比如，N型车、R型车、S型车等，不管哪一款车，都非常畅销。1908年，福特公司又设计并生产出了具备现代意义的T型车。这款车自问世到停产，福特公司共计卖出1 545 878辆，使得小轿车的普及率得到了极大的提高。到了1925年，福特公司每天可以生产9109辆车，平均每10秒钟就能生产出一辆车，创造了世界汽车史上的一大奇迹。

为什么福特公司能够获得这样令人瞩目的成绩呢？原来，这与亨利·福特懂得正确授权有着极为紧密的联系。亨利·福特高薪聘请了著名管理专家沃尔·弗兰德斯，让他全权负责生产方式的改革。弗兰德斯通过不懈的努力，使福特公司的生产效率得到了大幅度的提高，使福特公司健康而快速地成长起来。与此同时，亨利还给技术员C.W.艾夫利与威廉克朗放权，让他们推广发动机、主轴与磁电机组装上使用的"运动组装法"，使之到达总装配线上，并且取得了相当大的成功。促使福特汽车公司拥有了数量巨大的流水线生产。

每当有人向亨利·福特询问其成功的秘诀时，他总是回答："我的成功源于成功用人。"他认为，挑选好授权对象，将权力下放给合适的员工，就意味着给合适的员工提供了一个合适的舞台，可让他们尽情地展现自我，这样很容易将他们的潜能激发出来，从而推动企业快速地发展。

可见，对于企业工作的开展来说，挑选正确的授权对象是非常重要的。那么，在挑选授权对象的时候，管理者应当注意什么呢？哪部分人才是最好的授权对象呢？正确答案是：抛开具体工作要求的特定才能，拥有下面几种特质的员工，是比较理想的授权对象。

1.拥有独立思考精神的员工

在处理比较棘手的问题时，拥有独立思考精神的员工往往能够快速找到合适的方法，他们不会动不动就去向领导请示，总是依靠领导的指示与建议，这样可以有效地使领导者得到解放。

2.拥有创新意识的员工

这种类型的员工属于活动家、实干家，拥有较强的办事能力与卓越的开拓精神。在工作过程中，他们总是敢想敢干、标新立异，遇到问题喜欢另辟蹊径。将权力授予这种类型的员工，往往能够在局面无法打开的情况下很快将局面打开。

3.拥有团结协作精神的员工

在工作过程中，这种类型的员工比较擅长与他人合作，擅长将人际关系理顺，可以快速地和同事打成一片，有着良好的协调能力，能够在团队合作的基础上顺利地将目标完成。

4.总是任劳任怨的员工

任劳任怨类型的员工会心甘情愿地奉献自己，为人做事十分低调，工作尽职尽责，管理者可以放心地将工作交到他们手上。

5.曾经犯错但有能力的员工

有一部分员工拥有着很强的能力，可是由于曾经犯过错，没有办法得到管理者的信任，这对于他们而言是很悲哀的。对于企业来说，倘若仅仅因为员工曾经犯过错就再也不重视他了，这无疑是浪费人才。对此，我们不妨学一下中外闻名的石油大王洛克菲勒在这方面的做法。

贝特是洛克菲勒手下的一名"老臣"，他曾经由于考虑不周而致使南美的投资失败，给公司带来了很大的损失。可是，洛克菲勒并未因此怀疑他的能力，他在尚未对贝特失败的具体情况进行询问的条件下，就直接用鼓励的话语说道："棒极了，贝特，你设法将60%的投资保住了。若非你处理得当，哪里能够保全下来这么多呢？你做得这么好，已经出乎我们的意料了。"洛克菲勒这种广阔的胸怀，注定他能收服诸多下属，使其竭尽所能地为之工作，因此，洛克菲勒的事业能够获得巨大成功也就变得理所应当了。

合理授权，让员工有充分的发挥空间

作为企业的管理者，要抑制过剩的权力欲，而不是放纵自己的权力欲。因为管理者并非是单打独斗的孤胆英雄，而是需要带着众多下属完成任务，实现目标的领头羊，所以，通过合理授权，让员工有充分的发挥空间，是每一位管理者应当做的事情。

无数事实已经证明：成功的管理者都懂得合理授权，并对员工的工作表示全力支持。

有一次，杰克·韦尔奇在参观某工厂生产线的时候，发现了一个问题：这个生产线上的工人什么权力都没有，只是被动而机械地重复同一个动作。韦尔奇询问厂长："你能否适当地授权给工人，让他们拥有一部分自主权？"但是，厂长却予以否定了。

接着，韦尔奇又提出了这样一个设想："在每一名工人的操作台上设计一个按钮，当工人想要休息时，用力按一下按钮，就能停下工作进行休息；倘若工人精力充沛，那么就可以一直干下去。当然，流程也要适当修改。"

非常遗憾的是，对于韦尔奇的这个设想，没有一个人同意。然而，韦尔奇经过慎重思考后却决定尝试一番。最终结果也确实像他预想的那样，生产效率提高了很多。在通用电气公司，几乎每一个工厂在处理每件事情时，均是以生产部门为单位的，各个小组之间协同合作，而不是将工人放在生产线上面，让他们把生产线作为单位。

员工并非冰冷的机器，就算是生产线上的员工，也需要拥有一些自由权限。当他们感到累的时候，可以停下来稍事休息；当他们精力充沛的时候，可以加快干活的速度。所有员工都具有这种渴望自由的心理。杰克·韦尔奇的实践证明，尽可能地将决策权授予那些真正做事情的员工，能够提高做事的效率，因为他们最了解自己的工作，知道怎么做才是做好的。

通过合理授权，可以让员工感受到信任，将员工的积极性激发出来，促使员工将公司的发展前途视为自己应当承担的责任，让员工有充分的发挥空间，能够独当一面，从而充分地发挥自身才能。

荷兰控股公司主要经营能源与消费品。1995年，在老板范·弗利辛根的领导下，公司的销售额高达110亿美元，纯利润就有3.15亿美元。

范·弗利辛根成功的秘诀就在于合理地给下属授权，让他们拥有充分的发挥空间，将自身潜藏的巨大能量发挥出来。他认为，适当地将一部分权力下放给下属，可以让下属承担起更多的责任，从而获得预期的回报，这便是放权管理。

在范·弗利辛根推行放权管理以前，分布在全球各个地区的分公司的管理者，主要任务是执行总公司做出的决定。可是，他们并不重视具体的执行过程以及最后的执行结果，大家都觉得这责任不应该由自己来担负。为了扭转这个局面，范·弗利辛根将革新、创业等90%的权力交到了各分公司的管理者手中。当然，这90%的权力下放的同时也代表着90%的责任下放，总公司仅仅承担10%的权力与责任。

合理授权后，总公司表现出了充分信任分公司管理层的态度。范·弗利辛根认为，既然将权力下放给了员工，就应当给予员工充分的信任，让他们独当一面。在众多员工里，有一部分员工精明能干，进取心与责任心很强。对于这种类型的员工，公司会给予他们充分的发挥空间，从来不会对他们的做法指手画脚。

范·弗利辛根这样说道："员工才是真正为公司赚钱的人，你可以向他们问问题，可是他们需要自行探索，而不用他人将一切为他们安排好。"不管什么时候，他都给予员工足够的信任。

有时，有下属会给他写信，求助于他，但他在回信中将自己的意见写完之后，往往会加上这么一句话："我也觉得这个问题十分棘手，祝你成功。"

通过合理授权，层层下放权力，将主动权下放给每个部门，使他们根据自己的实际情况来制订相应的决策，让所有人都切实承担自己的责任，而且因为决策是自己制订的，所以他们都会心甘情愿地为自己的决策负责。公司最高管理者只需要掌控方向性的决策权力，比如投资方向等，其他的可以进行相应的引导与监督，就能够确保公司在大的方向上不会走错。

作为管理者，要特别注意两个问题：第一，合理授权，重点在于"合理"，下放给员工的权限应当与其负责的具体工作相匹配，或大或小都不行；第二，合理授权以后，绝对不要干涉员工的行为。

首先，我们来看看关于授权的"合理性"问题。

王总手下有几个很得力的中层管理者，他极其信任这几名管理者。只不过，他在授权时总是会犯授权过多的错误。

比如，公司有一名需要公关的重要客户，王总对其中一位中层管理者说："此事就交给你了。"可是这位中层管理者当时不仅管着招聘的事情，还负责采购工作，已经快要忙死了。王总却说："招聘工作与采购工作还是由你负责，这事也交给你。如果有问题，你自己想办法解决，需要资金，你直接找财务。"就这样，这名中层管理者一下子负责三项工作，真的是力不从心啊……

案例中，王总将过多的权力下放给下属，致使下属压力太大，可能会将这位下属累垮，也可能会对工作的完成质量造成不良影响。所以，管理者要避免这种过度授权，最明智的做法为，一次只下放一种权力，让员工能够专注地将目标完成，这样有利于执行到位。

其次，关于授权以后绝对不干涉的问题。

希尔顿21岁时，他的父亲让他去一个旅店担任经理之职，与此同时，还将部分股权转让给了他。但是，让希尔顿十分生气的是，尽管父亲给他授权了，但却常常干预他的工作。

正是由于年轻的时候真切地感受到了有职无权、处处被约束的情况，因此在希尔顿掌权后，他给别人授权时，只要将权力下放，就会不再干涉，使被授权的人能够充分将自身的才华施展出来。

授权之后绝对不去干涉下属的行为，这不仅表现出了管理者的自信，而且也体现出了对下属的信任。倘若你对下属不信任，就别将权力下放给他。就像美国大陆银行总裁说的那样："给他人授权之后就完全将此事忘掉，绝对不要去干涉。"

不仅要授权，还要注意跟踪

有管理者说，授权等于放权，放权就是放手，舍弃控制。实际上并不是这样的。授权不等于放权，不代表彻底放手，不再过问。授权以后，管理者有必要及时了解下属的执行情况，监控局面的变化。

有一个管理学家曾这样说道："对于授权管理者来说，控制不仅是其必不可少的'维生素'，也是其本质所在。因此，既要充分授权，也要有效控制，这才是授权的最高境界。"授权在解放管理者、锻炼下属的同时，也有一些潜在的风险。

因为授权代表着管理者不能直接在"前台"操控，只能间接地获得信息。倘若想要消除风险，管理者就要将授权后的跟踪工作做好，否则，可能会使事态失去控制。

三国时期，关羽之所以会大意失荆州，实际上就与刘备、诸葛亮授权后没有进行追踪与监控有很大的关系。在现代企业管理中，经常会看到因为授权后没有及时跟踪与监控，致使企业战略失去控制，战略目标执行不力的情况。

1997年，作为摩托罗拉第三代继承者的高尔文正式接任公司CEO。之后，高尔文实施了充分授权的管理策略。在他看来，最高管理者应当彻底放手，给下属充分的发挥空间，所以，他在授权以后，并未进行跟踪与监控，致使摩托罗拉出现了许多不良情况。

原本在通信器材界，摩托罗拉是龙头老大，可是从2000年以来，摩托罗拉的市场占有率、股票市值以及公司获利能力却都在不断下降。其中，市场占有率只剩下了13%。在短短一年之内，股票市值缩水72%。2001年第一季度，更是创下了摩托罗拉创建以来的首次亏损纪录。

为什么会发生这种情况呢？实际上，这和高尔文放权过度，并且在放权以后没有跟踪与监控有着直接的关系。其中，最为典型的事件有两个：

第一件事是关于广告代理商麦肯广告的撤换问题。那个时候，担任行销主管之职的福洛斯特给高尔文提出了一个建议：应该撤掉业绩不佳的代理商麦肯广告，可是高尔文却非常信任该广告商的负责人，他授权给这个广告商的负责人，盼望着他能提高业绩。一年之后，麦肯广告的业绩依旧很不景气，高尔文才同意撤换。

第二件事是关于摩托罗拉推出的代号为"鲨鱼"的新款手机。那个时候，公司在讨论这款手机向欧洲进军的计划时，高尔文很清楚欧洲人十分喜欢简单而轻巧的机型，"鲨鱼"手机又厚又重，价格还相当贵，并不适合欧洲市场。但是，高尔文仍旧将权力下放给下属，让他们执行"鲨鱼"向欧洲进军的计划。结果，"鲨鱼"在欧洲市场连连失利。

原本充分授权是件好事，但是如果授权之后没有进行监控，那么就很有可能给企业带来极大的杀伤力。比如，摩托罗拉在推行卫星通信铱星计划的时候，也碰到过这类问题。那个时候，该项目每年都会亏损，达到了2亿美元，可是高尔文不仅没有对项目的实际情况进行跟踪，而且也没有及时将该项目叫停，结果给摩托罗拉带来了相当大的经济损失。

另外，高尔文授权后，根本不关心下属的具体执行情况。他一个月才见一次高层主管，在给员工的邮件里，也仅是谈论怎样使工作与生活保持平衡。即便他明白情况有异常，也不想太多地干涉，担心下属难堪。很明显，这是授权失误。

直至2001年第一季度结束，高尔文才感觉到问题严重了。他担心公司在自己手中毁了，立即着手整顿。他开始每个星期都召开会议，改变了放权太多的作风，这才促使摩托罗拉的发展颓势慢慢扭转了过来。

一名成功的企业家曾经说过："授权犹如打篮球，并不是将球交给谁，然后就站在原地观望，而要积极主动地跑位、策应以及配合进攻。"这句话非常形象地说明，授权不等于责任的结束，而是要积极地与被授权者协调、配合，将所负责的工作干好。明智的管理者明白在合理授权以后，还要适当地进行跟踪与监控，随时了解任务的进度，在最恰当之际，选择准确的方式，将跑偏的马拉回来，使之返回到正确的轨道。

说得具体一点儿，为了确保授权以后下属及时地完成任务，管理者一定要适当地监督下属，保证对下属执行的进度有所了解，必要的时候对下属的工作做好调控工作。举例来说，当下属不太努力，执行力不够时，要及时提醒与教育；当下属滥用职权，不听别人的意见时，要进行警告，必要的时候将权力收回来，更换授权对象；在下属执行过程中碰到困难时，管理者应当给予支持与帮助。

通常，授权之后的跟踪与监控主要表现在下列几个方面。

1.持续关注

授权后，管理者应当持续关注员工的工作进程。通过了解工作的进展情况，帮助下属辨别潜在的风险，提醒员工要有效规避。

2.反馈和奖惩

对于被授权者将授权任务完成的具体表现，管理者应当奖罚分明。对于有良好表现的，管理者应当给予认可与奖励。管理者还要注意，在对员工进行奖励与表扬时，一定要表现出足够的诚意。对于做得不好的员工，管理者也应该让他们清楚地知道自己的错误。不过，管理者在对他们进行批评时最好别带个人情绪，而应当用客观的态度将员工的问题指出来，让员工明白自己到底错在哪里。对于那些不能违背的原则性问题，倘若员工违背了，管理者一定要给予严厉的惩罚。

3.总结授权

授权任务完成以后，不管是管理者还是被授权的员工，都应当进行总结。在总结的过程中，管理者与被授权的员工不但可以对执行过程中所学的新理念、新知识以及新技能进行回顾，而且还能够将管理者和授权对象在合作上的不当之处找出来。通过总结与反思，既可以让管理者懂得如何更好地进行授权，也能够让员工懂得如何更好地将授权任务完成。

授权与收权，最好能自如收放

授权并非终极目的，而是一种促使企业发展目标得以实现的手段。老板通过授权，能充分地将被授权者的积极性调动起来，借助大家的力量，将事情做好。而非将企业的权力下放给下属后，老板直接甩手，什么都不管。所以，在授权以后，老板还要学会收权，不懂收权也是不行的。

老板一定要准确了解自己所扮演的角色，自己才是企业的负责人。无论麾下的管理者有多么聪慧、多么负责、多么忠诚，都不能完全将你在企业当中的权威性以及影响力替代。所以，倘若将权力下放给下属，下属执行不利时，老板就应当对权力作出调整，将下放的权力收回来，或者另外挑选授权的对象。

施振荣是宏碁公司的总裁，1989年4月，他任命刘英武为宏碁执行总裁。刘英武毕业于普林斯顿大学计算专业毕业，曾经在IBM公司软件开发实验室电脑部做了20年的主管，在美国电脑界有着相当高的声望。施振荣对他极为重用，说他就是宏碁进行全球扩张的一项"秘密武器"，并且没有一点儿保留地将经营决策权全都交到了他的手上。结果如何呢？

刘英武走马上任后，就有意识地将他从IBM带来的"中央集权"的企业文化灌输到宏碁。他经常召开会议，每次会议都犹如马拉松一般，而且他基本上不会听从下属的意见与建议，还要求下属无条件地服从于他。宏碁的一名经理回忆道："强制性地让大家对总裁的观点表示赞同与以前宏碁的风格有着非常大的不同，施振荣从来不会强制性地要求下属做什么事情，除非下属表示赞同或者心甘情愿去做，因此不少人都选择辞职离开了公司。"

之后，刘英武又制订出各种收购决策，但几乎都没有成功。他从外部聘请了9名高级管理人员，为此，公司蒙受了相当大的损失，公司上下人心惶惶。施振荣的妻子叶紫华将这一切都看在眼中，她抱怨施振荣，说他看不清事实和真相。

施振荣慢慢地认识到了自己将太多的权力下放给刘英武，这是不对的。他说道："我觉得IBM是全球管理最佳的电脑公司，刘英武肯定有更多的经验与更强的能力。可是他并非企业家，我将太多的权力授予他，并且授权也太早了。"1992年，施振荣重新掌控大权，他按照自己的方式对宏碁进行改革与重塑，而非完全效仿IBM公司。

在该案例中，尽管施振荣在授权以后又将权力收回来了，但是因为收权收得不够及时，还是给企业造成了严重的损失。

不少老板可能都懂得授权，也明白收权，可是却很少有老板能够真正地做到"授收自如"。而刘邦在这方面就做得很好，非常值得管理者进行学习。

萧何说韩信是"国士无双"的人才，而刘邦则敢于给他授权，并且还能在恰当之时收权，可以称得上是"收放自如"。

当年，刘邦任命韩信为大将军，把兵权交到了他手上，从此韩信掌控着数万人的军队，而且他所管辖的军队长时间远离大本营。

到消灭楚国的前夕，韩信手中掌握了空前规模的兵力，他的势力完全可以与刘邦、项羽抗衡。倘若此时韩信选择背叛，那么刘邦以前的努力就都白费了。虽然刘邦对韩信有一定的顾忌，可他仍然选择了放权。

当然，刘邦也并非好惹的，他在给韩信授权的同时，心中常常盘算着怎样有效地控制韩信，以免韩信背信弃义。为此，他采用的最有效的方法便是每次韩信将军事任务完成之后，刘邦都会将韩信的军权收回来。与此同时，刘邦会给予韩信厚重的奖赏，比如，给他封爵位，奖赏给他大量的钱财等。如此一来，刘邦就很好地对韩信进行了安抚。

为什么刘邦能够在韩信身上做到对权力收放自如呢？总结起来，主要包括下列三个原因。

第一，刘邦总是在最合适的时机将权力收回来，很容易让人觉得这是形势所需要的，从而使得韩信的反感降低了不少。

第二，韩信被册封为大将军、丞相，甚至被封异姓王，地位一步一步地升高，他心里觉得很踏实。

第三，刘邦非常关心韩信的日常生活，使韩信真切地感觉到了自己被重用。相较之下，项羽听信了小人的谗言，愤怒之下，将范增的兵权收了回去，进而引发了范增的很大反感，致使范增对项羽彻底失望。

常言道："水满则溢，月盈则亏。"授权和收权属于一对矛盾的统一体，常常是此消彼长。在企业管理中，随着企业的不断发展，其所处的阶段是不一样的，实际情况也会发生一定的变化，所以，到底应该授权还是收权，必须要结合当时的实际情况，按照具体的需求进行。

那么，哪些权力应该下放？哪些权力应该收回来呢？这个问题不可以一概而论，需要管理者按照企业的实际情况来做出决定。通常来说，只要牵涉企业命脉的权力，是不可以下放的，比如财务决策、战略决策等权力应该掌握在老板手中，而那些方法性的、具体事务的执行权限，则完全能够下放给员工，以便让他们充分将自己的能力发挥出来。

下放权力以后，倘若发现了异常，管理者应当认真思考问题到底出在什么地方，将症结找出来。倘若发现被授权者缺乏足够的能力，不能胜任工作，应当将权力收回来，选择更加恰当的对象进行二次授权。倘若被授权者很好地完成了工作，应当及时给予肯定与奖励，然后自然而然地将权力收回来。要做到一件事情授一次权力，一件事情收回一次权力，任务开始时授权，任务结束时收权。

第七章

人才管理

——善用人才，管理事半功倍

高效管理就是知人善用

不管什么事情，"成也在人，败也在人"。对于古今中外的管理者而言，知人善用是其实施管理的头等大事。

到底怎样才算是知人善用呢？关于知人善用的定义，存在着诸多说法：知道他人的特点，并将其用在适当的位置之上；让合适的人去做合适的事；让正确的人去做正确的事，等等。其实，知人善用，说的就是在实施管理过程中的至少四件事情，而不单单是在说用人这一方面。而这四件事情分别为：

第一，了解下属，理解下属；

第二，发现人才，培养人才；

第三，合理使用人事；

第四，知道实现管理或是经营目标所需要的人才。

不少管理者都觉得第三点是自己在未来用人方面努力的方向，其实并不是这样的。管理或是经营的目标才是最为重要的。说得直白一些就是，为了将一些事情做好，需要什么样的人去做。不过，这是以管理者或是经营者真的知道为了实现自己的目标要做哪些事情作为前提的。倘若连这个都不了解或是了解得不够全面，不够具体，就谈不上知人善用了。

随着时代的不断进步，现代管理愈发精细化，也愈发复杂化了，市场情况与竞争也在发生着翻天覆地的变化。作为管理者，首先要具备的便是强大的实战能力与应变能力，不会顺着一条路走到头，懂得适时变通。因此，管理者或是经营者如果想要真正地做到知人善用，就要先弄清楚自己的"用"，也就是自己的需要，明白了自己的需求之后，才能进行合理消费。要知道，使用人才也是一种特殊的消费，这是优秀管理者需要牢牢记住的第一点。

第二点，对人进行了解。作为一名管理者，需要了解下属，理解下属，对人才的能力结构进行了解，容忍人才的不足与缺陷。对于不同类型的下属，比如，执行型下属、组织型下属、指挥型下属、公关型下属、策略型下属、责任型下属以及忠诚型下属等，在资历、表达、号召力等各方面的表现与能力，管理者也要多多了解。既要了解下属拥有哪些优点，也要了解下属身上有哪些缺点。其中，包括哪些优点是可以被充分发挥出来的，哪些缺点是能够被改造的，哪些缺点是不伤大雅的，等等。了解这些非常重要，只有了解了这些，管理者才能在实施管理中有针对性地做出最合理的安排。这是管理者"用"的对象，有了"用"的对象之后，管理者才有可能会"善用"。

第三点，管理者清楚地知道了自己的"工具"拥有什么样的属性之后，就要谨慎而认真地进行维护。当管理者对自己下属身上具备的优点与缺点有了充分的了解之后，不但要竭尽所能地做到扬长避短，而且还要有意识地将下属培养成能够承担起更多的责任，经受起更大困难的人才。当下属都慢慢地变成了一个个出色的人才，都能够站出来独当一面的时候，就是管理者本人更进一步的时候。在这里，管理者需要注意的是，不但要有意识地培养下属狼的性格，还要培养下属狼的才能，正所谓"授之以鱼，不如授之以渔"，说的便是这个道理。

第四点，管理者对管理的终极目标与细分目标要有全面的了解。

对下属的优缺点有了全面的了解之后，管理者就要合理地安排人事了。人们常说"正确的人做正确的事情"，但是在此过程中，管理者必须要增强管理与监督，尽可能地发挥下属的优点，规避下属的缺点，从而培养出企业真正需要的人才。有一名管理大师曾经这样说道："最前卫的管理者首先应该是一名培训师，其次应该是一个闹钟，所起到的作用仅仅是对人才进行培养，对员工进行提醒。"在管理者有意识地培养下，下属变得越来越接近管理目标所需要的人才。所以说，作为一名合格的管理者，更多的工作应该是对员工进行提醒与监督。

如果管理者将这四点做好了，那么就能够充分地将员工的积极性调动起来，使之努力地去工作，成功地将自己的作用发挥出来，出色地完成自己的任务，就实现了"善用"。倘若缺少了其中任何一点，管理者就没有办法真正地做到"善用"。

因此，想要成为一名出色的管理者，想要真正地做到"知人善用"，管理者至少要具备四点：第一，管理者本人要具备较强的管理素质与业务素质，本人就是一个综合型人才，不管放到什么地方，都能够游刃有余，不管走到什么地方，都能够留下不可磨灭的印象；第二，管理者本人要具备较强的学习能力与培训能力，让麾下的"人才"可以很好地适应可能会出现的各类变化的事件、突发事件的岗位，促使员工的能力能够获得提高；第三，管理者本人要具备唯才是用的胸襟，不能拉帮结派，搞"小山头"，做出任人唯亲的糊涂事情；第四，管理者要将合适的人放在合适的岗位上。如果管理者做到了这些，那么就算是真正实现"知人善用"了。届时，管理者必定会为自己的企业创造出相当多的财富，减少十分多的麻烦，并且顺利成长为一名令众人艳羡的优秀管理者。

管理就是用平凡人做不平凡事

优秀的管理者都知道，对于一个企业而言，其真正拥有的力量并非来自外部，而是来自自己的员工；其真正能够依靠的人也不是外人，而是自己的员工。唯有树立了正确的理念，我们才不会轻易做出错误的决定，才能及时发现员工身上所具备的巨大潜能，才能够真正地对内部人才重视起来，对其进行培养。

在一次"老板学"课堂上，刘老师特别强调了人才的重要性以及老板在人才问题上难以推卸的责任。下课之后，有一名老板拦住了刘老师的去路，并且对刘老师说，他十分赞同刘老师的观点。他的公司这几年之所以没有获得良好的发展，就是由于严重缺乏合适的人才。他的公司的产品是很不错的，市场也很好，客户对产品也给予了很大的肯定，可就是公司的员工太不给力了。为了打破这一僵局，这名老板专门聘请了一家猎头公司帮助自己寻找优秀的管理人才。

他请刘老师帮忙判断一下他的想法到底可不可行：他想要找一名优秀的总经理，这样一来，他就可以下放权力了。他还想要找一名精通销售的副总，如此一来，公司的销售业绩就能提上去了。除此之外，他还想找一名精通生产的副总，这样，自己也不需要管生产上的那些麻烦事了。这位老板相信，只要找到这样几名人才，就能够顺利解决掉他的几个大问题，他的公司就能够快速发展起来，再上一个台阶了。

　　面对企业经营管理方面的问题，我们一般都会本能地出现像上述案例中的那名老板那样的想法：只要能够聘请一位或几位头脑聪慧、经验丰富、能力超强的人来管理公司，公司的所有问题就能顺利解决。然而，这种直觉通常都是不正确的。一个企业不可能完全依靠从外部引入几名优秀的人才就从根本上发生改变。

　　在总是这样思考的管理者身上，常常会出现"看错人"的问题。通常来说，我们对公司内部的人都了如指掌，因为我们与他们已经认识很长时间了。我们经常给自己的员工定性，觉得他们只能这样了。虽然他们也还是年轻人，大多只有30岁左右，一生当中还能够学习很多事情，但是，我们却不再期望他们能有什么改变，能做出多大的成绩了。而对于外部那些应聘的人，我们经常犹如对待初恋情人一般，将自己的期望放在他们的身上。而对方自然也会在与我们接触的数个小时中，尽可能地将自己身上的优点以及以前所取得的成功展现出来，让我们相信他们就是最好的，选择他们是最明智的。于是，出现了这样一种现象：对于外部人，我们仅仅看见了他们身上的"好"，而对于内部人，我们仅仅看见了他们身上的"平庸"，结果，我们常常会做出不正确的选择。

　　作为一名合格的管理者，你必须要谨记：没有人的身上全都是优点，也没有人的身上全都是缺点，大家都是平凡人，管理者的宿命就是管理平凡人。拥有"管理之神"美誉的松下幸之助先生的"70%原则"，可以很好地帮助我们做好平凡人的管理工作。

　　其一，以"70%原则"聘用人才：聘用70分的人才，而非100分的天才。

其二，以"70%原则"使用人才：只要清楚地知道员工胜任某项工作的70%，就可以将权力下放给他，让他去做。

其三，以"70%原则"信任员工：倘若公司70%的员工是可以信任的，那么就能够信任整体。

其四，以"70%原则"看员工优缺点：70%的眼光看待员工身上的优点，30%的眼光看待员工身上的缺点。

其五，以"70%原则"授权：70%下放权力，30%跟踪与监管。

其六，以"70%原则"获取员工满意：不可能让100%的人感到满意，但是要让70%的员工感到满意。

总而言之，管理就是用平凡人做不平凡的事。优秀的管理者都懂得公司员工的重要性，会将大部分注意力放在本公司员工的身上，有意识地对公司员工进行培养，尽可能地将公司员工的潜能挖掘出来，从而使其心甘情愿地为公司效力，有效地推动公司的发展。在此过程中，管理者本身也可以获得进一步的成长。因此，如果想要成为一名出色的管理者，那么就不要再盯着外面那些优秀的人才了，要将自己的大部分注意力放在本公司内部的平凡人的身上，用平凡人做不平凡的事。

人才几乎皆源自内部培养

"管理就是让别人帮助你完成任务。"倘若我们想要企业可持续地发展下去，我们就要尽可能地去培养企业内部的人才。

对于企业来说，人才是一种至关重要的无形资产，许多管理者心中都有这样一个疑问：我们公司的市场非常好，我们公司的产品也非常好，我们可以做很多事情，可是我们缺乏充足的人来将这些事情完成。在这种情况下，我们应该如何做呢？

一般来说，这个问题的正确答案为：招聘与培育人才。管理就是要让别人帮助你将任务完成。对于高级管理者而言，招聘与培养人才是其需要完成的最为重要的任务之一。那么，到底是直接从外面招进来一部分"空降兵"比较好，还是从公司内部进行培养比较好呢？从表面上来看，从外面将一些"空降兵"招进公司的好处是非常明显的，招进来一个人之后，就可以直接拿来使用。而从公司内部培养呢？似乎是一个十分漫长而效果还没有办法保证的过程。但是，从公司的长远发展来看，从公司内部培养人才才是最佳方案。

就某些特殊岗位来说，有些公司会通过招聘的方式弄一两个"空降"人才，但是这些"空降"人才是需要很长时间（比如一年左右）才能完全适应公司的环境，继而完全发挥出自己的作用的。

相对于从外部招聘，从内部培育人才，直至其可以独当一面、独立处理好事务所需要的时间差不多是一样的。而且从内部培育的人才，更适应公司的环境与职位要求，能够发挥出更好的作用。因此，从公司内部培养人才要比从外部招聘人才更加实际些。如果想要企业可以以良好的态势持续性地发展下去，那么最好是尽可能地对内部的人才进行培养。在这方面，宝洁就做得很好，该公司有一个原则，即从来不会从外部招聘经理人。

这就牵扯到了另一个问题，那就是觉得公司内部人员都不够资格，一定要去外部寻找需要的人才。事实上，不管什么人，都拥有着无限潜能，只要我们给对方一个合适的机会，让对方充分发挥出自身的潜能，那么这个人就能够做出巨大的成绩，完成我们预期的目标。

有这样一条谚语：上帝在将任务分给一个人的时候，也会将一份才能给他，让他出色地将自己的任务完成。我们万万不能低估下属身上所具备的潜能，而且，在大多数情况下，下属肯定会还你一个大大的惊喜的。

作为合格的领导人，在培养人才的过程中，应当关注四个要素：第一，任务，我们应当将大一些的任务交给对方，这实际上是给对方一个比较大的发展空间；第二，对对方的优点予以关注，我们应该想尽一切办法使对方能够充分发挥出自己的优点；第三，给你希望进行培养的人安排一个好上司，这一点是非常重要的，因为管理并不是单纯地依靠一个人从书本上学来的东西就能做好的，在很大程度上是需要向上司或者榜样学习的；第四，必须要对这个人的特质以及他的岗位是否匹配加以考虑。

总体来说，一个经理人拥有越高的地位，他需要承担的对人才监督、控制以及培养的任务就会越重。倘若你向通用电气集团前CEO韦尔奇询问，他在职期间每天都会做些什么事情？他肯定会对你说，他每天会拿出80%~90%的时间用在监督人才、控制人才以及培养人才的事情上。当年，他曾经一刻也不停歇地在世界各地奔跑，与各个部门的领导人谈话，设定公司的目标，监督该目标具体实施的进程，以及选拔人才与培养人才。他亲自授课的目的就在于有意识地培养人才。正因为如此，他才做出了那么耀眼的成绩，取得了令人艳羡的成功。总而言之，想要成为一名优秀的管理者，就必须要谨记：人才几乎皆源于内部培养，管理者的地位越高，需要承担的监督人才与培养人才的任务就越重。

在此过程中，管理者还需要注意以下两个方面。

第一，对于做业务的人，管理者应该从公司内部进行培养；对于专业的人，管理者可以选择从外部引入。其根本原因在于，外人往往不容易理解公司的业务模式，而自己又非常不容易培养出专业领域的人。如果从外部招人去做业务，那么他原本熟悉的模式通常与你公司的并不匹配，最终往往会以失败告终。但是，像财务、人事以及技术等方面的事情，都不太会被业务模式所影响，所以，让"空降"的人才去做这些，往往能很快上手。

第二，不管什么样的公司，都会出现辞职现象，不少老板将下属的离开视为一种背叛。管理大师给出的建议是：积极主动地敞开回归的大门，那些最终选择回来的人一般都会比原先更加忠诚，同时也更加成熟，能够更好地为企业做贡献。

将"刺头"人物变成麾下良将

在一个团队当中，往往存在着一种让领导又爱又恨的人，这种人就是人们经常说的"刺头"。一般来说，他们通常会在某个方面拥有极为出色的才华，可是他们的个性过于鲜明与倔强，极其崇尚自由，不乐意被人束缚。在工作中，他们经常顶撞自己的领导，当着大家的面也不给领导留一丁点儿情面。面对领导的管教与约束，他们似乎总是采取一种挑刺的态度，经常将管理当中的漏洞找出来，与领导一决雌雄。

通常情况下，这种类型的人会被视为不安分因子。对于这种类型的人，大部分领导会选择尽可能地打压与约束他们，这并不是一种高明的做法。

虽然从表面上来看，这部分"刺头"会动摇"军心"，但是从另外一方面来说，他们也会监督整个公司的管理，并且及时地做出反馈。在其他员工心中，这些"刺头"往往扮演着"出头鸟"的角色，尽管"刺头"说起话来很冲，但是其他员工心里也早就想说这些话了，只不过借着这些"刺头"的嘴说出来了而已。所以，倘若管理者能够将这些"刺头"利用好了，把他们树立成标杆，肯定会给其他员工带来积极的影响。

《西游记》中，唐三藏带着三个本领不凡的徒弟，前往西天取经，一路之上足足经历了九九八十一难，遭遇了数量庞大的妖魔鬼怪，多亏了三个徒弟尽心保护，唐三藏最终才能平安到达西天，将真经取到了手。

这师徒四人的组合，就相当于一个小规模的公司团队。其中，作为师父的唐三藏就是这个团队的领导者，作为徒弟的孙悟空、猪八戒与沙和尚就是唐三藏的三个下属。这三个人拥有完全不同的性格，大师兄孙悟空有着通天本领，性格放荡不羁，喜欢自由，敢作敢当，但是也比较冲动、固执与鲁莽，不愿意被师父管束，更不乐意听师父的唠叨与教诲。二师兄猪八戒，虽然好吃懒做，但他懂得用甜言蜜语将师父逗乐，每次讨到吃食之后也总是第一个拿到师父面前献殷勤。三师弟沙和尚，吃苦耐劳、不争不抢，但是他不擅长言辞。这三个人恰好与如今大部分公司中三种类型的人相对应。

其中，沙和尚便是那种每天低着头干活，默默为公司做贡献，做事不喜欢张扬，野心不大的稳定分子。他们是公司不可缺少的基石，正是由于这种类型的人，公司才能够稳定向前发展。猪八戒属于那种有些小聪明，喜欢耍滑头，一有机会就爱在领导面前显摆，心中产生不满也不说，而是依靠"孙悟空"来表现出来的人。他们就是公司的调和剂，尽管没有沙和尚那么老实稳定，可是也不会像孙悟空那样敢和领导对着干。而孙悟空对应的正好是公司中的"刺头"。他本领超群，才华横溢，在猪八戒与沙和尚心中所占的分量是很重的，他的话在很大程度上会影响到这二位师弟。他总是不听师父的话，数次闹出离开队伍的戏码。

即便如此，唐三藏却从未将他放弃，因为唐三藏非常明白孙悟空到底有多大的本领，去西天取经，要经历各种各样的挫折与困难，他很需要孙悟空的保护。另外，他心中也很清楚，不管是猪八戒，还是沙和尚，也都需要孙悟空来震慑。所以，唐三藏是怎么都不可能舍弃孙悟空的。因此，他采取念紧箍咒的方式，控制孙悟空。之后，孙悟空慢慢被唐三藏感化，收敛了暴躁的脾气，责任感增强了，最终护送唐三藏到了西天，取到了真经。

唐三藏极为高明的地方，就在于他清楚地知道孙悟空虽是一个难管的"刺头"，但也是一个难得的人才，如果能好好地利用，就能成就大事。利用这种"刺头"，需要很大的智慧，不可以蛮干。在西天取经初期，孙悟空的脾气非常暴躁，不愿意受到控制，可是唐三藏有极大的耐心与超强的毅力，久而久之，孙悟空的心被他给焐热了，让他自愿留下来，保护唐三藏。

领导管理下属，也是这个道理。遇到"刺头"，不要烦躁，也不要害怕，不要总想着怎么打压，将其赶走。这个"刺头"走了，还会有下一个"刺头"，逃避是不可能将问题解决的，反而还会令你丧失威信。面对"刺头"，明智的做法是，对他进行挑战，对他进行感化，最终将他转化成自己的干将，让他心甘情愿地为自己效力。这会在公司形成一种非常好的榜样效应，会产生很不错的聚拢人心的作用。

总而言之，作为管理者，应当把握"刺头"特征，将他的特点找出来，从他的特点入手，耐心地感化他。"刺头"需要领导的认可与表扬，他们拥有很大的本事与很强的自信心，倘若你与他们"对着干"，就会激发他们的反叛心理。与之相反，倘若你能"顺着"他们的脾气，在悄无声息中慢慢地将他们感化，他们也会顺着你的方向进行改变，最终变成你的干将，一心一意地为你服务。

与学历相比，更重要的是能力

在现代企业招聘中，有些人有较强的能力，但却没有较高的学历；有些人有较高的学历，但能力却稍微差一些。遇到这样的面试者，不管是企业的招聘主管，还是企业的管理者都会感到头疼，不知道如何选择才好。那么，学历真的比能力还重要吗？

其实不然，虽然学历很重要，但企业的发展需要的是有能力的人，即使拥有再高的学历，如果没有能力，那么只会是空想，没有任何实际的作用。企业招聘员工，都是为了能够把工作做好，而非得到只有高学历的员工。因此，与学历相比，能力更重要一些，在企业招聘中，招聘主管更应当重视的是应聘者的能力。

最近，某贸易公司的杨总非常高兴，因为他招到一个令他十分满意的助理。这位助理专科毕业，话不多，为人诚恳，三个月的试用期，一个月还没有到，杨总就提前让她转正了。

这位员工之所以能够提前转正，主要因为三件事：第一件事情，杨总让她订机票，在打了很多电话后，她向杨总汇报，公司原来合作的订票公司在价格上并不是最便宜的，她找了几家更为便宜的订票公司，然后她把结果做成表格给杨总看，表格非常清晰，起飞时间、航空公司、在哪个机场起飞等都被列入其中，一目了然。这是杨总以前的助理没有做到的事情；第二件事，杨总让她代收供货商送来的样品。她也列出了一个极其详细的货品清单，还让供货商签了字；第三件事，她接到了一个催款电话，却当着杨总的面说："杨总出去开会了，等他回来我替您转告杨总。"

虽然这位助理仅是一位专科生，但杨总对于她的工作能力非常欣赏，决定培养她做副总经理，为企业的发展增砖添瓦。

一家咨询公司管理者曾经说过："公司看重的是员工的思维和分析能力、想象能力等。至于学历的高低、专业的不同，那只是一些理论知识罢了，花费一些时间就能够学会。可是，公司所需要的那些'能力'，却并非花费时间之后就一定能够学到的。"

在现代企业中，不少企业招聘者都会先看学历，然后再看能力。实际上，很多拥有较高学历的人却不具备较高的能力。因为他们在学校时只知道死读书，对于书本以外的问题不能很好地应对，尤其是面对突发事件，他们往往会手足无措。而很多学历虽然不高，但却拥有较高能力的人，则可以从容淡定地面对问题，不急不缓地解决问题。由此可见，相较于学历，还是能力更重要一些。

毋庸置疑，在如今这个竞争白热化的大环境中，只要有能力，能为公司切实地解决问题，就是公司需要的人才。拥有较高的学历，固然很好；但能力出众，可以帮助企业发展，为企业做出贡献，企业也会忽视某些人的学历，能力出众可破格录取。

乔布斯是苹果公司的创始人，他曾经在斯坦福大学的毕业典礼上说过这样的话："我从未走进过大学的校门，这几十年来，今天才是我距离大学最近的一次。我看不出读书的价值到底有多大。我当初作出那个决定时，看起来荒唐极了，但如今看来，那是我这一生做过的正确的决定。"

作为微软公司的创办人、美国著名的企业家比尔·盖茨在哈佛大学毕业典礼上这样说道："有一句话，我已经等待了30年，如今终于能光明正大地说出口了——'老爸，我总是跟你说，我会回来拿我的学位的！'"

比尔·盖茨曾骄傲而幽默地对人说："哈佛校刊将我称为'哈佛史上最成功的辍学生'。在所有的失败者当中，我做得是最好的。"不但如此，比尔·盖茨自豪地对众人说，"我还让微软CEO——鲍尔默——也从哈佛大学退学了！"

迈克尔·戴尔是戴尔电脑创办者，他也是一个令老师头疼、"不成器"的学生。戴尔非常迷恋电脑，每天沉浸在拆装电脑中不能自拔。面对父亲的高声呵斥，戴尔面带微笑地回答道："将来有一天，我肯定要创办一个公司，并且还要与IBM一样出名。"看着他如此"冥顽不灵""不思悔改"，父亲极度失望。后来，戴尔不顾家人的反对，毅然离开了学校。现在，戴尔电脑已经是世界电脑行业中的知名品牌，受到全球各国人民的肯定与喜欢。戴尔的电脑公司也成了同行业的翘楚。

乔布斯从未进入大学学习过，但他创造了"苹果"的成功，让全世界人民都知道了"苹果"；比尔·盖茨虽考入世界著名学府哈佛大学，但却在中途选择辍学，投身于自己喜爱的事业中，如今，他的微软系统基本上是全球所有电脑都在使用的系统；戴尔在上学期间"不务正业"，最后辍学回家，但他创建的戴尔电脑公司成了世界同行业的佼佼者。他们的成功，无关学历，却与自身的能力是分不开的。由此可见，相较于学历，更重要的是能力。

当然，我们也不能否认学历的重要性，如果既有学历，又有能力，那就是最理想的，是各个企业争相抢夺的最佳人才。然而，在现实中，很多人还是只具备其中之一的：要么高学历低能力；要么高能力低学历。如果非要将这二者放在一起比较的话，那么从现代企业的发展与需求上说，还是高能力低学历的人更好一些，所以才有了"与学历相比，能力更重要"的说法。

用人不疑，莫在意流言蜚语

"用人不疑，疑人不用。"在现代企业管理中，如果管理者给予员工信任，坚持自己的用人原则，就能收获员工的信任，双方之间建立起良好的关系。不管什么样的企业，都应当遵循"用人不疑"的用人方针。要知道，营造良好的信任环境，是企业获得成功的关键因素之一。

战国初年，魏文侯想要征讨中山国，派将军乐羊领兵出征，而乐羊的儿子乐舒却在中山国当官。两军对峙，中山国想利用乐舒迫使乐羊退兵。乐羊为了争取中山国的民心，围而不攻。

战争的对峙情形传回魏国后，有些人指责乐羊，认为他是为了自己的儿子而不攻城，将国家的利益弃之不顾，魏文侯也收到不少告状书。然而，魏文侯并没有向乐羊问罪，反而一方面派人去慰问部队，一方面为乐羊修建住宅。最后，中山国在走投无路的情况下，将乐舒杀死了。

乐羊得知儿子乐舒被杀后，带领军队攻城，一举拿下了中山国。与此同时，中山国的国君也自杀了。乐羊带领军队凯旋，魏文侯为乐羊举行了庆功宴。

宴会结束之后，魏文侯将乐羊留下，给了他一个密封的箱子。箱子里全都是关于他围而不攻的告状书。

乐羊看完后，感动地流下眼泪。他深知，如果不是魏文侯的信任，中山国不但不可能被攻破，自己也会丢掉性命。从此之后，乐羊对魏文侯更加忠心了。

魏文侯在用人上坚持"用人不疑，疑人不用"的原则，不在意流言蜚语，所以在他当政期间，出现了君与臣、臣与臣之间互相信任，贤才广集的局面。这也促使魏国日益强盛起来，成了当时非常有名望的诸侯国。

魏文侯不在意流言蜚语，坚定地相信乐羊，最终不仅拿下了中山国，而且也让乐羊更加忠心，更加尽心尽力地为他办事。正因为魏文侯坚信自己的臣子，才出现了"贤才广集"的局面，进而促使魏国强大了起来。

企业管理也需要如此。在实施管理的过程中，管理者要坚持"用人不疑"的原则，给予员工足够的信任，这样才会有利于企业的发展。因为在员工的各种需求中，有一个非常重要且不容忽视的需求，便是得到上司的尊重与信任。因此，当管理者给予员工足够的信任时，员工心理上就会得到极大的满足，对管理者产生感激的情绪，进而更加敬重管理者，更加卖力地为公司工作。

的确，信任能够帮助管理者减少与员工之间的隔阂，赢得员工的信任，增强企业的凝聚力。信任是促使企业更好地发展的重要基础。

在现代企业中，很多管理者与员工之间之所以会不和，都是管理者对员工缺乏信任造成的。当管理者将某件事情交给某个员工后，因为某些流言蜚语，就不再信任这个员工，甚至对其做出惩罚，结果可想而知：该员工不再相信管理者，甚至对管理者产生怨恨的心理；对待工作不再认真，而是变成了得过且过。更有甚者，不被信任的员工，还可能会愤然辞职，直接离开公司。可见，管理者的信任是多么的重要。

管理者对员工的信任，本身就是对员工的一种激励。这种激励不仅不需要花费一分钱，而且还有着很不错的效果。所以，明智的管理者在实施管理的过程中，必然不会放弃这种既简单又免费的激励方式。

管理者用人不疑，给予员工信任，有利于企业的团结，是企业获得成功的基本保证。在一个组织或团队中，如果管理者不信任团队成员，那么各成员也不会信任管理者，彼此之间相互猜疑，团队成员毫无斗志，不利于企业的发展。反之，如果管理者与员工之间相互信任，彼此团结，精诚合作，就能够快速达到目标，有效地推动企业向前发展。

当然，管理者用人不疑，给予员工信任之前，必须要搞清楚他/她是否值得信任。管理者要多观察员工的言谈举止，弄清楚员工的品行与能力。当管理者了解了员工真实的为人之后再委以重任。

另外，管理者需要特别注意的是，在给予员工信任之后，万不可再对员工多疑，轻易相信什么流言蜚语。为了避免管理者陷入轻信流言蜚语、伤害下属的境地，不妨通过以下三点来改善。

第一，认真分析。管理者有自己的想法，并根据自己的想法来分析问题，不要贸然相信外界的流言蜚语。管理者要时刻谨记："听到风声便是雨"的做法是不可取的，是十分伤人的。

第二，调查研究，事实验证。管理者要知道实践是检验真理的唯一标准。如果不做任何的调查，就轻信流言蜚语，那么极有可能会掉入陷阱之中。

第三，发现破绽，去伪存真。谎言毕竟是谎言，总会有破绽的，管理者只要冷静思考，认真分析，就不难发现其中的破绽和漏洞。

总而言之，成功的管理者都是知人善用、用人不疑的。如此才能让下属信服，才能让下属心甘情愿地听从调遣，为管理者的成功、企业的发展奠定良好的基础。

第八章

绩效管理

——聪明的管理者用绩效说话

没有结果，一切管理都是零

不管做什么事情，都要有一个结果，企业更是这样。员工辛辛苦苦地工作，自然是值得表扬的，可是倘若没有结果，没有业绩，企业就不可能向前发展。管理者在实施管理的过程中，也应当注意这个问题，对于员工的工作，我们要的是结果，而非过程。

设想一下，如果一家企业做任何事情，最终都没有结果，那么这家企业是不可能健康地生存下去的，更不要说什么发展了。员工在工作的时候，倘若对执行力度不重视，对最终结果不重视，只知道低头傻干，那么即便再忙碌，也丧失了工作的真正意义，管理者的管理也不会有一丝一毫作用。没有结果的有效管理，就不能算是管理。没有结果，一切管理都是零。

作为管理者，必须要紧抓执行与绩效，不要只将目光放在那些表面现象上，不管员工表面上有多努力，只有做出成绩才是最重要的。黑猫也好，白猫也罢，只有能将老鼠抓住的才是好猫。员工的态度虽然重要，可是结果更加重要，现代社会从不相信谁的眼泪，倘若一名员工非常平庸，甚至极为愚钝，他拼尽一切努力，依旧没有做出任何成绩，那么社会还是会将他淘汰的。并非管理者冷漠无情，也并非管理者要将他淘汰，而是这份工作要将他淘汰。

管理者在实施管理的过程中，经常会从员工那里听到这样或者那样的理由，但是管理者必须要明白，不管什么样的理由，都不能成为其业绩糟糕的借口。员工一两次没有做出成绩，管理者可以选择原谅，但如果员工一直做不出成绩，那么管理者绝对不能姑息。要知道，证明个人能力最实在的东西就是业绩，只有用自己的业绩来说话才是最管用的。

作为一名管理者，不仅要做到公平公正，而且要做到不被员工的各种理由所迷惑。倘若员工习惯了找借口，工作效率就会大大降低。而该习惯的养成，通常与管理者存在着直接的关系。如果管理者不紧紧抓住绩效，员工就会逐渐养成拖拉的习惯，总是找各种借口，不努力工作，很多问题就会接踵而来。

狼这类动物，尽管没有狮子、老虎那样凶悍、勇猛，可是只要群狼一起出动，不管什么样的猛兽都不得不退让与回避。

狼群为了捕捉一只猎物，可以一直安静地等待，直至最佳进攻时机的到来，有时能够连续等待好几天。在追赶猎物的时候，狼群可以在长时间内对猎物紧追不舍，直至猎物体力不支，成为自己的盘中餐。碰到强大于自己的敌人，狼群也不会退缩，它们成群结队，敢于与各类凶猛的野兽战斗，即便会出现惨重的伤亡，狼群也会坚持着击败对方。

狼群之所以能成为动物界最厉害的一种存在，就是因为只要是它们认定的，无论付出多大的代价，也要将自己想要的那个结果完成。为了一个结果，它们可以毫不畏惧地前仆后继；为了一个结果，它们能够长达数天窥伺在猎物的身旁。

企业管理者应当向狼学习，学习狼的那种不达目的决不罢休的精神。员工也要向狼群学习，不能只是忙着敲锣打鼓，好似热火朝天地工作，最终却没有拿出像样的成绩来。

作为一名合格的管理者，必须要明白，工作的时候，结果占据着第一位，至于工作的过程如何，有怎样的理由，那都不是主要的。这就犹如军队打仗，命令下达之后，将士们只能去执行，没有任何理由。市场竞争好似打仗。

在这个互联网早已普及，信息高度发展的年代，新兴企业好像大雨过后的春笋似的冒了出来，发展势头十分强劲。如果没有结果，那么企业用不了多久就会丧失方向，丧失市场，再没有一点儿翻身的机会。

作为一名管理者，你必须要知道如今是一个怎样的时代，唯有迅速，唯有业绩，才能够让一家企业快速发展起来。

做事没有得到结果，关乎责任问题。倘若一名员工的责任感很强，他肯定会竭尽所能地做出成绩，这不仅是对公司负责，也是对自己负责。倘若员工仅仅做了计划，却没有落实这个计划，没有得到结果，那么这名员工必然是一个不负责任的人，管理者应当将这种人从公司中清除。

管理者必须要清楚，不管计划做得多好，如果缺乏执行力，缺乏绩效，那么也是没有任何用的。所以，在对员工进行管理的时候，管理者必须要时刻注意员工的绩效，别总盯着那些表面现象。既然已经将计划制订出来了，就要严格执行，做好监督和督促工作。

为了促使员工做出更好的业绩，管理者必须做到赏罚分明，适当奖励那些绩效好的员工，惩罚那些总是"拖后腿"的员工。

执行力的高低，与管理者的管理有着直接的关系。倘若管理者能够有效地实施管理，就会很好地压制员工的惰性，从而促使整个企业形成一种说话做事都雷厉风行、用绩效说话的风气。届时，管理者就不需要过多地操心，企业也可以正常运转，并且迅速地向前发展了。

绩效考核，既看成果又看成长

在现实管理中，许多管理者都十分看重绩效考核，特别是对考核的结果。马云说过这样一句话："为过程喝彩，为结果付薪。"由此可以看出，结果对于员工而言到底有多重要。

员工获得令人骄傲的成果，这是所有人都想要看见的，可是我们也一定要明白，不同的员工，其能力也是不一样的。一个本来就十分出色的员工，理所当然地会取得比较好的业绩。可是，倘若一名员工原本并不具备很高的水平，但他非常努力，进步也十分快，难道就因为他取得的结果暂时没能赶上别人，就要否定他的成绩，一棒子将他打死吗？

这就犹如同一个班级的学生，有的人学习成绩非常好，一直是班里的前几名，他的成绩是值得老师表扬的。而另外一位学生的成绩虽然总是在班里排名倒数，但是这次忽然考出了中上游的成绩，那么他同样也是值得老师表扬的。

对于一个企业而言，结果的确是重中之重，不管哪一个员工，都应当用自己的工作结果来说话。不管什么样的努力，都应当以结果的形式呈现出来，只有这样，努力才会更有意义。

实际上，不单单是工作，我们平常不管做什么事情，都一定要有一个结果。如果做一件事情的过程极为艰难，做事之人也耗费了非常大的心思，但最终却没能拿出一个像样的结果，甚至还将事情弄得一团糟，那么这可能对做事之人而言可以增长不少经验，可是对企业而言，却没有一点儿意义，企业还极有可能会因此浪费时间、人力以及物力等不少东西。在现代管理中，管理者应该看重结果。

不过，管理者还要注意，虽然每个人都希望看到成果，但是倘若缺乏了过程，那么也就不会有什么成果了。由此可以看出，过程是非常重要的。如果过程是十分精彩的，那么就极有可能会获得一个好结果；如果过程没有做好，也就很难能获得一个好结果了。

那么在现代企业的考核绩效中，管理者到底应当重视考核结果，还是应当重视考核过程呢？管理者到底是应当将结果置于最重要的位置上，还是要着重看员工有多少成长呢？这应当由管理者根据具体情况来做出判断。

有一部分员工原本就已经比较出色了，在进行考核的时候，管理者不仅要对他取得的结果进行考核，还应当看一下他做事的过程中是否有值得赞扬的地方。有一部分员工本来做得不太好，可是却进步了很多，管理者就要重点看一下他所取得的进步程度了。

有的工作不单单需要对结果加以重视，也要对过程有非常严格的要求。有一部分工作必须要严格遵从要求来进行，丝毫不能马虎大意，这种类型的工作就绝对不可以只是单纯地查看结果了，还需要下大力气来抓好过程。

有一家企业在监控产品质量时，仅仅重视检查成品的质量，一点儿都不重视生产的过程。原本觉得只要将最后的关口把好就可以了，可是万万没有想到，产品已经生产出来了，质量却没有达到客户的要求，企业领导只能做出了打折销售的决定。最后，这家企业不仅没有赚到钱，信誉也受到极大的影响。这家企业的管理者怎么都想不明白，明明已经严格把关了，为什么还会这样呢？

其实，这其中的原因十分简单，不能仅仅把控最后的结果，应当在生产过程中就严格地对质量做好把关工作。如此一来，就能够及时发现问题，并且及时解决。

这家企业的管理者意识到这个问题以后，就开始实行层层把关制度，非常严格地控制产品质量，最终取得了不错的效果。不仅产品的质量提升了，而且大多数产品都可以一次成型，很少返工。

管理者应该清楚地知道，绩效考核应当从多方面去看，不仅要看最后的结果，也要看过程，要把握全局，从过程到结果，都要严格把关。只有过程好了，才可能会有好的结果。如果过程不好，结果肯定也不可能会好的。

员工的绩效也是这样，或许这名员工最终的结果看起来很好，可是这个结果是否存在水分呢？管理者必须要认真分析，不能马虎对待。尽管一个员工最终取得的结果并不是很好，可是他真的用心了，并且相较于以前也有了很大的进步，那么管理者就应当给予一定的鼓励与嘉奖。

实际上，绩效考核并非为了证明哪个人做得好、哪个人做得不好，而是对员工进行激励，促使其努力工作的一种手段而已。所以，作为管理者要找出积极向上的东西，适当地鼓励与嘉奖才是当务之急。不管是比较好的结果，还是比较大的项目，只要员工是积极做的，管理者都应当给予肯定与表扬。

创建高效的绩效考核体系

要想考核员工的绩效，就要有一个比较健全的考核体系，可是怎样创建一个合理而高效的考核体系，被众人视为管理的一个大难题。

为什么绩效考核这么困难呢？为什么实施绩效考核与落实绩效考核都是很难解决的问题呢？如果想要将这件事情做好，应当从什么地方着手呢？

在创建高效的绩效考核体系的时候，首先要有准确的管理观念。一个企业为什么要进行绩效考核？尽管我们对绩效考核一点都不陌生，可是很多企业并没有正确地认识到绩效考核的主要目的。有一部分管理者对于绩效考核的认识十分浅薄，认为绩效考核就是检查员工的绩效，绩效好就给予奖励，绩效不好就处以惩罚。采用这样的策略来管理员工，管理者觉得不仅公平，也公道。然而，员工的想法是否也是这样的呢？很明显，答案是否定的，员工极有可能觉得绩效考核纯属是没事找事。管理者总是拿这种没有一点儿作用的东西来做一些表面文章，这便是员工心中对绩效考核的认识。

在绩效考核方面，管理者不妨学习一下小米。小米的创始人雷军信奉"小餐馆理论"，并在此基础上组建了极度扁平化的组织结构。在企业内部，少做事，将事情做到极致，是他们统一的共识。扁平化、上班不打卡也是他们管理员工的一种与众不同的手段。小米将管理变得简单了，同时也使员工的工作效率提高了。

207

在小米内部，管理层很少，除了雷军与几个合伙人及其下面分别有个主管之外，都是普通员工。而且除了七个创始人具有职位外，其他人都没有职位，彼此间不存在管理者和被管理者的差别，都是工程师，而涨薪是他们晋升的唯一奖励。在小米，员工不用考虑过多的杂念与杂事，不存在什么团队利益，只需要一心扑在自己的工作上即可。

与其他企业相比，小米的绩效考核体系也是比较简单的，小米的员工除了每个星期一的1小时公司级例会以外，很少会被召集起来开会，也没有什么季度总结会、半年总结会。小米采用互联网思维来对公司进行管理，一切皆从实用性出发。所以，尽管从表面上来看，小米对绩效考核似乎并不是十分重视，但是却极好地将所有人的工作积极性激发了出来，每个人都会竭尽所能地将事情做好。在这种绩效考核体系之下，小米给了员工充分的信任，每一个员工都能做到自我约束，最后反而起到了更好的效果。

当然了，这需要一个前提，即在开通、明智的领导者的领导与管理之下。企业拥有着良好的风气，企业的文化促使众人都心甘情愿地主动做好自己的工作。

小米之所以能够取得成功，就是因为充分调动了每一名员工的积极性。这样的情况可不是简简单单的绩效考核就可以带来的，它源于每一位员工内心的力量，是一种自我约束的力量，也是一种理想的力量。

事实上，之所以要进行绩效考核，就是为了实现目标，获得结果。前文中我们已经知道，对于企业而言，最重要的是结果。绩效考核不仅要看出员工有什么样的问题，最重要的还是要能给予员工帮助，将问题解决，促使员工实现最后的目标，为企业做出贡献。

绩效管理究竟是什么呢？绩效管理应当是管理员工的工作过程，唯有管理好了过程，才能够做出成绩，才能够有好结果。

如果想要做好绩效管理，就要有多个步骤与环节相结合，从绩效计划、绩效执行、绩效考核到绩效反馈，不管哪一个环节，都应该给予足够的重视。一旦其中的任何一个环节出现了问题，那么肯定会出现连锁反应，造成更加糟糕的后果。因此，对于绩效管理而言，绩效考核仅仅是其中的一个环节，要想将绩效管理做好，还需要做许多事情。

在考核员工以前，管理者就要将绩效计划做好，在员工工作的过程中，增强对他们的指导。当绩效考核的最后结果出来之后，管理者应当从考核的结果中将员工身上的问题找出来，认真分析，并且顺利地将问题解决，及时给予员工帮助，让他们改正过来。可以让员工获得收益的绩效考核，才是高效的绩效考核，才能够促使员工变强。当员工的能力获得提高之后，员工也会非常开心，那么他们自然就不会再抵抗绩效考核了，而这会给企业带来的益处就不言而喻了。

绩效考核应当形成一个完善的体系，对于具体的考察内容，在什么地方进行考察，在何时考察，由什么人来主持，等等，都需要管理者认真地考虑清楚。不一样的企业，考核标准也应当是不一样的。即便是同一个企业，所处的时期不同，考核的标准也应当有相应变化。在绩效考核中，最重要的是考核的内容，因为它直接影响着企业的利益，所以管理者要做到主次分明，不要胡乱考核一些没用的内容，那样只会令员工感到考核没有一点儿意义，它的权威性也就不存在了。

当然，考核的权威性在很大程度上还与考核的公平、公正有关。在进行考核的时候，不管什么人，都不可以搞特殊，应该同等对待。

考核的过程应当是严厉的，不允许任何人蒙混过关，必须要做到明察秋毫。不过，在考核的结果出来之后，就不需要过于严厉了。考核仅仅是为了获得一份比较客观的评价，只要清楚真实的结果就可以了，管理者要以宽容的心态对待员工，真诚地给予员工帮助，而不是一味地批评、处罚员工。

总而言之，绩效考核的最终目的在于给员工提供帮助，促使员工健康地成长。倘若管理者将这一点把握好了，就算是真正掌控了绩效考核的关键了。

重视员工绩效观的培养

企业重视绩效考核，并不意味着只有管理者与企业给予重视就可以了，还必须要让员工具有良好的绩效观，如此才能够从根本上提升企业的整体绩效。

如果想要提升员工的绩效，管理者必须要先从员工的思想上下手，当员工拥有了良好的绩效观之后，才能积极主动地提高自己的工作效率，快速而出色地完成任务。在现在这个移动互联网异常发达的年代，不管什么行业，都要求迅速，速度就代表着力量，速度就代表着能力，速度就代表着价值。管理者必须要重视员工绩效观的培养，给员工树立一个准确而恰当的价值观念。

人们经常说时间是最珍贵的，然而，唯有好好利用时间，才是最明智的，倘若不能高效地对时间加以利用，就算拥有再长的时间也不可能创造出较大的价值。毫无疑问，绩效就是在一定的时间内做出一定的成绩。

我们必须要承认，不管什么人，都或多或少地存在着惰性，雷厉风行的工作方式不是生来就有的，也不是一蹴而就的，而是慢慢培养出来的。所以，管理者在有意识地培养员工的绩效观的同时，也应当努力培养他们雷厉风行的工作习惯。

管理者需要注意的是，习惯的养成，单纯地依靠自觉是远远不够的，还要依赖于良好的制度。在员工投入工作之初，管理者就要将他们要完成的目标定下来，有了较为明确的目标之后，管理者还要积极地对他们进行监督，促使他们严格遵从计划行事。如果员工每走一步都能跟得上计划的脚步，就不可能会养成拖拖拉拉的不良习惯了。

工作的目的在于创造价值，而衡量价值的标准，除了结果之外，还有时间。相同的结果，花费时间比较少的，价值肯定要高于花费时间比较多的。所以，作为管理者，必须要让员工知道，唯有抓紧时间，分秒必争，在最短的时间内做出最好的成绩，才能够称得上是高绩效。

一个人在工作上花费的时间也就几十年，同样的都是几十年，有的人能够做出相当高的成就，有的人则庸碌无为。为什么会出现如此大的差距呢？原因很简单，他们的效率不一样。

作为世界五百强企业，海尔集团的绩效管理在业界有着较为深远的影响。该企业极为重视员工绩效观的培养，根据企业自身的实际情况与员工的现实特征，制定出了较为完善的员工绩效管理体系。海尔集团的员工绩效管理主要体现在以下四个方面：

一、个人事业承诺书

每个海尔员工都要通过个人事业承诺的形式作出个人对海尔集团的业绩承诺。不管是海尔集团的管理层，还是海尔集团的普通员工，都必须要签订个人事业承诺，这自上而下地层层签订可以有效培养员工的绩效观，将海尔集团的战略目标逐步分解到每一个员工的身上，将组织绩效与个人绩效有机结合起来，实现集团事业发展与个人发展相一致。

二、绩效评价指标

海尔集团的绩效评价指标并非固定不变的，而是会以员工工作岗位的现实情况与所在不同部门各生产时期适时地作出调整与变动的，包括定量指标与定性指标两大类，因此海尔集团的绩效指标是相当详细且具有事实依据的。这就使得员工的绩效管理有着具体而明确的标准，可以更加公平与公正地对待员工，从而增强员工的绩效观，提高员工的工作积极性，使之更加重视工作效率。

三、绩效评价周期

海尔集团的员工绩效管理并非固定不变的，也非机械乏味的，而是采用了分时段、周期循序渐进的，主要包括月度、季度与年度等，比如，月度业绩回顾辅导→半年度中期绩效回顾辅导→季度业绩评价→年度绩效考核，这样做不仅可以较好地保持更新，而且也能够时时对员工产生良好的激励作用，及时地对其每段时间内的工作情况进行了解，同时也能有效地增强员工的绩效观，提升员工的工作效率。

四、绩效评价结果

以上述绩效管理的三个方面作为依据，可以获得绩效管理的结果。而绩效结果可以按照上述定性指标与定量指标来对评价结果的等级作出划分，将每一个员工都具体地划分到相应的等级中，这是对海尔集团所有员工绩效管理的总结与定论。面对考核结果等级不同的员工，公司会在其薪酬分配与职务调整等方面作出区别的对待，从而更好地激励员工高效率地工作，同时也有效地增强了员工的绩效观。

正是因为海尔集团高度重视员工绩效观的培养，拥有一整套完善的员工绩效管理体系，才能让海尔的每一个员工都养成了认真工作、高效做事的雷厉风行的工作作风。而这也是海尔集团与海尔员工快速发展的重要因素。

从海尔集团的案例中，我们很容易看出来，员工拥有了绩效观之后，做起事情来就会很重视效率。而若想员工有绩效观，单纯依靠员工本人的自觉是不行的，企业必须要重视对员工绩效观的培养。管理者要时刻关注员工的绩效问题，给员工灌输做事要迅速的思想，让员工随时保持很高的警惕性，高效率地去做事。

今日事今日毕，绝对不可以拖到明日。倘若每天都留下一部分事情，久而久之，就会堆积不少事情。与之相反，如果每天都能多做一些事情，长此以往，就能够比别人多做不少事情，自己也会养成快速做事的好习惯。

因此，作为一名合格的管理者，要想提升企业的效率，就要先从思想上入手，有意识地培养员工的绩效观。

警惕绩效考核的十大误区

"绩效考核"与"绩效管理"之间不能直接画等号，考核可以帮助管理者发现问题，但是考核却不一定能够解决问题。

在现实管理中，如果你用心观察的话，就会发现其中存在的问题：虽然大多数企业的老板都已经清楚地意识到绩效管理的重要性与意义，大多数的企业也都在使用绩效考核来管理员工，但是老板对如何使用绩效考核的方式管理员工有着不少错误的认知。对此，明智的管理者在实施绩效管理的时候，都会特别注意下列十大误区，以免不慎栽入坑中，造成难以估量的后果。

1.坚信"绩效考核，一考就灵"

有些老板以前从来没有做过绩效考核，在了解了绩效考核以后，心中就会产生一种错误的想法：觉得自己在管理中之所以会遇到这样或者那样的问题，都是由于缺乏绩效考核、缺乏目标管理、缺乏量化管理导致的，所以他们往往会对引入绩效考核持有太高的期望与幻想，坚定认为"绩效考核，一考就灵"。在他们看来，不管什么问题，都可以通过绩效管理来解决。

然而，事实并不是这样的，绩效考核仅仅是众多管理工具当中的一种，或者更确切地说绩效考核只是管理工作的一部分，唯有系统地将经营与管理的梳理工作（战略、模式、制度、组织、人员匹配以及流程等）做好了，才能够真正将绩效考核所能起到的作用发挥出来。

2.直接用考核来代替管理

不少人都认为考核是绩效管理的重中之重，觉得只要通过绩效考核来约束员工，使之清楚明白地知道自己的目标，了解将目标完成之后能够获得的奖励以及没有将目标完成会遭受的惩罚，就不再需要别的什么管理了。实际上，考核并不是绩效管理的重点，利用考核对员工进行管理才是绩效管理的重中之重。正确使用绩效管理这个工具之后，管理者就能够让员工清楚地知道自己的任务与目标，能够及时地发现员工在完成目标的过程中出现的偏差，以便为员工提供必要的支持与帮助，帮助管理者管理员工。

在清楚明白地知道目标的情况下，员工却没有将任务完成的原因一般不是因为他不乐意去完成，而是由于他根本不清楚怎样做才能够顺利完成目标。对于管理者而言，为员工提供帮助是其不能推辞的责任，这也是考核管理没有办法取代的。考核能够帮助管理者及时发现问题，但是考核却不一定能够帮助管理者解决问题。通过考核，管理者发现某个员工不适合他所在的岗位，那么就需要管理者站出来做决定，将这个员工替换掉，减少一些不必要的损失。但是这也不属于考核范畴内的事情，而是在考核完了以后需要做的另外一项管理工作。总而言之，明智的管理者都不会步入直接用考核来代替管理的误区。

3.设计的考核体系太过复杂

不少公司的绩效考核体系之所以没有办法发挥出应有的作用，究其根本原因就在于所设计的考核指标与考核体系过于复杂，让管理者与被管理者都为了能够获得综合高分而弄丢了工作的重点。对此，管理大师给出的建议为：对于底层员工的考核指标最好别超过3个，对于管理者的考核指标最好别超过5个。

4.绩效考核体系不是不够专业，就是过于追求形式主义

绩效考核体系的不专业主要表现在指标与目标设计得不合理上。举个例子来说，指标与目标常常被很随意地进行改变；指标分配得不恰当，一个人不能对他自己的目标进行负责等。而绩效考核体系过于追求形式主义，指的就是没有将时间用在实质目标与指标的讨论上，而是做了许多似是而非的表格、权重计算等工作。

5.激励个人主义

从本质上来说，绩效考核体系属于一个激励机制，也就是将一个人的部分所得与其所做出的业绩挂钩。而细分绩效，大多是对个人的业绩进行激励，而非鼓励一个人对自己的团队以及整个公司给予关心。这种激励极有可能会造成不正确的导向，给员工与企业带来很大的消极影响。

6.重视短期，不重视长期

只重视短期，而忽视长期，也是绩效管理常见的一个误区。众所周知，倘若缺少了正确的引导，员工极有可能会做出为了得到短期利益而将公司的长期利益牺牲掉的错误行为，比如，为了完成一次交易而欺骗客户。在绩效体系设计中，一定要充分考虑这一点。为了很好地解决这个问题，管理大师给出的建议是：设计相应的晋升体系，使员工的长远利益与公司的长远利益结合在一起，这样一来，员工就会既重视短期利益，又不会忽视长期利益。

7.只对业务人员进行考核，不对"支持人员"进行考核

大多数企业的绩效考核仅仅是针对业务人员的，从来不会对"支持人员"，比如，技术、人事、财务、服务部门等部门进行考核。我们不能否认，对"支持人员"进行考核有着非常大的难度，因为这些人的业务指标想要量化是一件相当困难的事情。可是就算如此，企业的绩效考核也不应当将他们漏掉，而应当将他们也列入考核的范畴。

8.从来不会对考核可能会出现的结果做测算

如果在制订绩效考核方案的时候，不对考核可能出现的结果进行测算，那么所制订出来的绩效考核方案就会致使一部分员工的业绩提成因为某些偶然因素变得相当重，一来企业会难以承受，二来别的员工也会感到不公平，从而让激励变成了对一小部分人的激励。

9.平均主义和"老好人"思想

激励的本质就是让做出好业绩的员工获得很多，让业绩不良的员工无法获得或者获得不了很多。可是，不少绩效体系在设计上有着很重的平均主义思想，加之管理者在具体执行的过程中，抱着"老好人"思想，最终的结果就是绩效管理失去了其应有的效用，成了一个走过场的闹剧。这也是企业管理者一定要注意避免的误区之一。

10.考核频率过高或者过低

如果绩效考核的频率太高,那么就没有办法及时地发现考核对象所存在的问题。如果绩效考核的频率太低,那么就很难将考核对象的工作与其工作成果相互对上号,这两种情况的绩效考核都不具备任何的意义。通常来说,业务人员的考核频率应当高一些,可以每个月进行一次考核或者每个季度进行一次考核,而支持人员的考核频率应当低一些,可以每个季度进行一次考核,或者每半年进行一次考核。

那么管理者到底应该怎么做,才能将绩效考核做好呢?总结起来,主要有以下10条建议,管理者不妨参考一下:

第一,不要相信"一考就灵",要与别的管理手段进行配合;

第二,使用绩效考核及时发现问题,使用管理将问题解决;

第三,底层员工的考核指标别多于3个,管理者的考核指标别多于5个;

第四,绩效考核要专业一些,不能追求形式主义;

第五,不要激励个人主义;

第六,不要激励短期行为;

第七,不仅要对业务人员进行考核,也要对支持人员进行考核;

第八,对考核可能出现的结果(个人及公司层面)做出测算;

第九,摒弃平均主义;

第十,将合理的考核周期确定下来。

第九章

团队管理

——精诚团队，让合作回归简单

确定团队目标，制订科学计划

目标是一种对人的需求予以满足的外在物，能对人们进行刺激，促使其竭尽所能地达到预期成就或者结果。作为一种诱因，它非常强烈地诱发、导向以及激励着人们的积极性，并且可以调节人们的行为，将之引导到一定的方向，同时促使人们的心理上得到满足。

对于一个团队而言，要创建一个共同的目标。对于团队成员来说，团队目标永远是最佳的激励。团队目标愈清楚明白，对人的吸引力愈大，所能起到的激励作用就愈大，就愈能将团队的积极性唤醒。清楚而明晰的团队目标能够生成强大的驱动力，驱使团队成员产生足够的勇气与信心，义无反顾地去追求团队目标，最终实现团队目的。通常来说，高效团队都具有一个清楚明白，并且对人极有吸引力的团队目标，用以说明团队存在的原因以及如何做才能够获取成功。

纵观那些取得杰出成就的企业，它们都拥有着一个远景目标。这个远景目标不仅得到了企业上下的普遍认可，而且还对所有成员都起到了很好的激励作用。如果企业能够长时间生存与发展，那么就意味着领导者与企业成员都获得了事业上的成功。唯有受到同一个远景目标的激励，团队成员与团队领导才能够上下一心，精诚团结，才能够实现这一目标。

高尔文是摩托罗拉公司的创始人。他常常利用一些具有挑战性的目标来敦促他的员工，促使他们做一些表面上看好似不可能实现的事情。比如，在20世纪40年代末期，摩托罗拉公司刚刚打入电视机市场的时候，高尔文就将电视机部门的员工聚集起来，为他们定下了一个挑战性十足的目标：在第一个销售年，用179.95美元的价格将10万台电视机卖出去，还要保障利润。

一名管理者将心中的埋怨说了出来："我们绝对不可能将那么多电视机卖出去，因为那代表着我们在电视机业的排名一定要上升到第三名或者第四名，而我们最好的排名仅是第七名。"

一名产品工程师也不满地说道："我们甚至都没有把握将电视机的成本控制在200美元以下，售价却定为179.95美元，这如何保障利润呢？"

高尔文却说："我们一定要卖出这个数量。在你们拿出用这种价格卖出这个数量，还有利润报表给我看之前，我不想再看任何成本报表。你们一定要努力做到这一点。"

随后，高尔文制订了一项十分严厉的奖罚制度，迫使员工为了完成上述目标想方设法地钻研，殚精竭虑地创新，用尽一切办法降低电视机的生产成本。与此同时，高尔文也重新对销售制度进行审查与制订，督促销售部门，使之将更多的精力放到业务上。一年的时间还没到，摩托罗拉公司真的将这个销售目标实现了，使得电视机的销售排名得到了提升，成为第四位。从此之后，摩托罗拉公司持续地发展壮大，慢慢成了电子技术领域的领头者。

团队可以利用远景目标描绘出一张未来蓝图。一旦这个远景目标得到所有成员的认可，它就会变成对众人的激励，促使众人为之拼搏。在追求远景目标的过程中，众人会将潜藏在身体中的巨大勇气与能力激发出来，去做促使远景目标得以实现的事情。它是具体的，而非抽象的，它可以激励团队的每一个成员，使之在工作上达成共识，一起为团队的使命与事业而努力打拼。

如果企业想要成为对下属有着巨大吸引力的强磁场，管理者就应当不间断地为下属设定有着较大诱惑力的目标，让下属永远满怀希望，与企业一块成长。松下幸之助曾说："管理者的一个重大责任，就是让员工有梦想，并且将他们应该为之努力的目标指出来。不然，就没有当领导的资格。"他在做松下电器社长的时候，总是不断地给下属勾勒企业未来发展的目标，不但让下属对未来满怀梦想，充满信心，也使得整个企业界都震惊，同行们也纷纷效仿松下电器公司的做法。

不管哪一个团队或者组织，倘若缺乏成长的愿望，缺乏明确的目标，不清楚应当做什么，那么它的资源可能会十分分散，人心也不能聚集到一个地方，团队也就不可能取得成功。与之相反，倘若一个团队拥有明确的目标，就有了十分清楚明白的终点线，团队管理者就会知道是不是已经实现了自己的目标，团队成员也会十分清醒地向着终点线进行冲刺。

团队目标的实现与团队所有成员的利益息息相关，是鼓舞众人斗志、促使众人的行动保持协调的关键性因素。团队成员所认同的目标，会对他们产生非常大的吸引力与号召力，在提升自我的积极性与主动性等方面发挥着出乎众人所料的作用。如果再加上科学的计划，只要严格按照计划行事，成功就不再是一件难以实现的事了。

沃尔玛公司之所以能够取得耀眼的成功，就是由于它拥有明确、清晰且具体的目标。

山姆·沃尔顿在1951年创建第一家廉价商店的时候，第一个目标便是"在5年之内，让我的小店成为阿肯色州中最棒、获利能力最强的杂货店"。如果想要实现这个目标，这家店的销售额一定要增加3倍以上，年销售额要从7.2万美元增加到25万美元。为此，这家商店还制订了一个非常详细的执行计划。后来，这家店真的实现了这个目标，成为阿肯色州以及周围5个州获利能力最强的商店。

沃尔顿继续为自己的公司定下一个清楚明白且令人震惊的目标。与此同时，相应的科学计划也接踵而至。每隔10年，沃尔顿就要设定一个这样的目标。1977年，他设定的目标为：在4年之内变成年销售额高达1亿美元的公司，也就是年销售额要增加两倍以上。

……

当然，这个目标又达到了。于是，他继续为公司设定新的科学的计划，继续实现目标……

有共同认可的团队目标，可以促使团队成员充分发挥其内在的潜能，激励每一名成员都自觉努力地工作。合理而科学的执行计划，可以很好地引导团队成员稳步前进，让他们有条有理地向着目标走去。擅长使用团队目标与科学计划，是团队获得成功的重要保证。明智的管理者往往会对团队目标进行转化，使之变成团队成员个人努力的方向，激励着团队成员，使其积极努力地工作，竭尽所能地创造。与此同时，明智的管理者在确定了团队目标、制订出科学计划之后，还会经常督促团队成员，严格按照计划行事，稳步走向成功的彼岸。

任何一个团队，都应当有一个明确的目标，为团队成员指明方向。任何一个团队，在确定了团队目标之后，都应该制订科学的计划，让团队成员可以按着计划稳步前进，清楚知道下一步应该怎么走。在明确的团队目标与科学的执行计划的激励下，团队成员就会全力以赴地奔向远方，活力四射地冲向成功。

没有完美的个人，只有完美的团队

管理者的成功就是其带领的团队的成功，只有团队成功了才算得上是真正的成功。不管哪一个行业，成功者的背后总是站着一支拥有强大能力的团队。保罗·盖蒂曾说："我宁愿使用100个人每个人1%的努力来换取成功，也不想要使用我个人100%的努力来换取成功。"没错，个人的力量是有限的，团队的力量却可以带来无限的可能。

1928年9月，保罗·高尔文兄弟用750美元收购了芝加哥图尔特公司的全套B型整流器生产线与设备，摩托罗拉公司成立初期的产品便是收音机与整流器，最开始是以"高尔文制造公司"命名的。1947年，正式改为"摩托罗拉公司"。之后，摩托罗拉公司在通信产业获得了很大的成就，创建了半导体工厂，开始开发消费类电器。从1959年到20世纪末期，作为保罗儿子的罗伯特·高尔文成了摩托罗拉的当家人之后，就带着摩托罗拉向国际市场进军，并且顺利跻身世界一流公司的行列。

摩托罗拉这个国际化的大型企业，其发展与壮大是经历了数代管理者与员工努力奋斗的。在企业持续发展壮大的同时，管理者与员工以亲身经验作为依据，总结出了不少较为成熟的企业文化。其中，最受重视的经验总结就是"重视团队的作用"。正是由于摩托罗拉积极贯彻了这一企业管理理念，才促使企业整体与员工个人出现了双赢的局面。

在摩托罗拉企业发展过程中，团队运作是至关重要的。在此期间，摩托罗拉企业组织了很多团队活动，其中最让人称赞的便是"顾客满意团队比赛"。

摩托罗拉的前副总裁吉尼·辛普森曾经对这一活动评价道："开始设计这项比赛的时候，仅仅是希望能够让大家更加认同团队工作，并且借着这个机会对优秀团队予以表扬。不过，它也慢慢地将自己的生机展现了出来。为了参与比赛，各个团队开始团结起来，一起寻找问题并且解决问题，其结果就是员工变得更加积极主动地关注顾客满意度以及产品质量了。"

在此过程中，高尔文的个人魅力也起了非常大的作用。因为受到高尔文的支持与鼓励，员工们都争抢着自觉加入其中。据统计，1994年，整个公司有53 000人参加了团队活动，是当时总员工数的1/2。一个出色的团队，不应当只有一个大英雄，而应该每个人均是英雄。一个企业不单单需要几个英雄人物充当高层，更需要一个拥有强大力量的团队，也需要普通员工的团队精神。

狂热的团队比赛带给了摩托罗拉企业相当大的效益："某无误差"团队创建了一套永久性的生产流程组合，每年可以为摩托罗拉公司节约700万美元；"慕尼黑的艺人"团队降低不良率高达500%，交货周期缩短了一半，产品销量增长了290%；"NML的闭嘴"团队最终测试产能增长了109%，测试成本减少了20%，改善可目视不良率高达1600%。

事实充分证明，摩托罗拉所实施的"重视团队的作用"的企业管理理念，给摩托罗拉企业带来了无与伦比的经济效益。

团结就是力量。不管什么样的事业，团结合作是获得成功的保障，它不但强调个人的工作成果，更强调团队的整体业绩。管理者唯有依赖团队的力量，才能将个人的愿望与团队的目标结合在一起，出现1+1>2的效果。

拿破仑·希尔曾说："领导才能就是一种将理想转化成现实的能力。"管理者可以将理想转化成现实，还要加上其他人这个相当重要的因素。管理者不仅要通过自身的努力，还要通过其他人的努力来促使自己的梦想得以实现。

优秀的管理者是可以对别人产生影响，并使之心甘情愿追随自己的人物，他可以让别人自愿加入自己的机构或者事业中来，跟着他一块工作。他鼓励身边的人，使之协助他向着自己的理想，向着自己制定好的人生目标而努力，是他将成功的力量给予了别人。

很多人都说钢铁大王卡内基有着惊人的财富。事实上，他拥有的是集体的智慧与结晶。

在他还是一个没有什么名气，并且不怎么了解钢铁生产的小工时，当钢铁事业出现在卡内基面前的时候，他没有一丝一毫犹豫地抓住了机会，接受挑战。他坚定地相信事在人为，相信只要将那些专业知识丰富的人物网罗过来，肯定能够帮助自己完成伟大的事业。于是，卡内基到处搜寻人才，招收了将近50名专家，构成了一个智囊团，这些人和卡内基有着相同的目标——推广钢铁事业。在卡内基的创业生涯中，正是因为那些专家的精心谋划，才顺利地将生产经营当中遇到的各种疑难问题都解决了。正是无可比拟的心灵力量融洽地凝聚在一起，才有了美国历史上首个"财团"。

人生在世，谁都做不了一辈子的"孤胆英雄"，任何一个管理者都需要依赖下属的拥护与支持，借助团队的力量，完成自己的使命与目标。一个优秀的企业管理者或者团队往往能够让他人亲密地团结在自己身边，并且使众人向着一个相同的目标而努力奋斗。

在现如今这个知识经济的时代，团队合作能力变得越来越重要。管理者想要做出一番大事业，就一定要充分发扬合作精神，打造完美团队。中外闻名的哲学家威廉·詹姆士说："倘若你可以使别人愿意与你合作，不管做什么事情，你都能无往而不胜。"合作不仅是一种很强的能力，更是一种高深的艺术。只有擅长与人合作，擅长打造完美的团队，才能够得到更大的力量，获得更大的成功。

优势互补，充分发挥团队优势

在团队合作中，有一条非常重要的原则——优势互补。管理者要注重团队成员之间的相互配合、优势互补，使之达到一种极为默契的状态。

古人云："尺有所短，寸有所长。"企业中的每一位成员既各具优势，也各有劣势。所以，在管理团队的时候，管理者应当注意引导下属优势互补，争取强化众人的优势，弱化甚至消除众人的劣势，形成一种优势形象，促使工作绩效得到大幅度的提高。

有一次，A队与B队进行一场攀岩比赛。A队大力强调大家一定要齐心协力，注意安全，一起完成任务。而一旁的B队却并未做士气鼓动，而是在合计着什么。在比赛过程中，A队遇到了好几处险情，虽然大家同心协力，一起战胜险情，最终完成了任务，可是由于用时太多而败给了B队。那么在比赛开始前B队到底在合计什么呢？原来，他们精心地将队员的个人优势与劣势做了组合：第一个出场的是一位动作极为灵活的小个子队员，第二个是一名个子很高的队员，女士与身材肥胖的队员置于中间，最后再由具备独立攀岩能力的队员来殿后。于是，他们基本上没有遇到什么险情便快速地将任务完成了。

优势互补的精髓，在于合理地取长补短，将劣势变成优势，充分将团队的整体力量发挥出来。在彼此的配合与协作上，管理者要重点考虑下属的互补性，采用最好的组合方式，就可以快速实现团队的目标。

在一个团队中，干好一项工作，往往并非一个人能做到的，关键在于各个成员之间的配合与协作。不同的人，其知识、能力、水平也是不一样的。管理者要合理地对人才的结构性进行配备，对用人之长等方面进行考虑，尽量将每一名下属的专长与潜力都发挥出来，充分调动起下属的主观能动性，在工作上做到因人而异。

邱虹云、王科、李益斌与徐中是视美乐公司的创始人，他们就是凭借精诚合作、优势互补的这股合力，逐渐奔向成功的。他们对各自的优势加以利用，合理地进行分工与合作，最终创造出了一个令人啧啧称奇的商业神话。

邱虹云主要负责产品的开发工作，至于策划、营销以及公关都归王科管。王科曾经因酷爱搞科研发明而得到一个"发明天才"的称号。1997年寒假期间，他开始研制产品，在数月的努力之下，他终于将样品研制了出来。因为这个发明，他参加了学校举办的"挑战杯"发明大赛，后来他又打算加入清华大学举行的创业大赛。邱虹云于1997年4月和王科等组建了一个创业团队，在大赛上，他们的产品赢得了各方的关注，并且拿到了大赛的第一名，成为清华参加全国创业大赛的五个项目之一。

之后，因为王科等人的鼓舞，邱虹云下决心要对这个产品进行开发研制，大家共同创办公司一起将它推向市场。作为清华大学自动化四年级的学生，王科的强项是英语，从大三开始就相继在20多家公司，比如，麦肯锡管理公司等实习。在此期间，他有很多出国或者加入外企的机会，可是他一直想要自己创业，后来，他从邱虹云的发明中得到了灵感与契机。对于他的想法，他的父母十分支持，在尚未落实投资资金的情况下，他的父母就直接将一大笔资金寄给了他。而这笔资金就成了他们创办视美乐公司极其重要的资金来源之一。

李益斌则是在新东方学习的时候与王科认识的。当时，王科在新东方教授GRE，是李益斌的授课老师。对于李益斌在财务方面的能力及其为人，王科十分欣赏，热情地向李益斌发出邀请，邀请其加盟自己的公司。

对于自己与王科之间的关系，李益斌这样形容："是狮子应该站在狮子的行列。"于是，李益斌加入了王科的创业团队。

徐中是清华大学96级MBA班的班长，拥有长达5年的工作经验，曾经在不少规模较大的企业干过。对于徐中的工商管理知识背景及其丰富的工作经验，王科十分看重，觉得徐中有着很大的能量。

徐中是因为一个偶然机会加入王科的创业团队的。在一次创业大赛中，徐中是某个参赛团队的顾问，给王科留下了很深的印象。随着比赛的进行，双方也慢慢熟悉起来。

1997年4月，王科有一天在食堂碰到了徐中，王科想让徐中为他推荐个人，没想到，徐中却选择毛遂自荐。王科与徐中在深入地交谈后拟定了一个方案。晚上，王科带着徐中去看邱虹云的产品。看完产品之后，他与王科决定采取风险投资方式来做此事。

因为意外得到一个难得的人才，王科非常高兴，他说："我这个人冲劲比较足，但容易头脑发昏，徐中的社会经验非常丰富，比我沉稳，我们可以优势互补、相互学习。"

邱虹云等四人依靠良好的合作，创办了视美乐公司。他们研发出来的投影仪吸引了众多投资商，最终让上海第一百货拿出5250万进行投资，创造了一个令人震惊的创业神话。

　　该事例能够说明的是，第一，一个团队中，各自的分工不同，每位成员的工作职能不一样，所以对于性格、能力也有着不一样的要求。第二，有些工作常常需要几种不同类型的人一起合作，才能高效地完成。这就需要在对人员进行配备时，适当地将各自的气质、性格、能力的相辅性与互补性考虑在内。在一个团队当中，根据个人的个性特征合理地做人事安排，使个性不一样的成员彼此合作，充分将各自性格的互补作用与相辅作用发挥出来，将会大大提高工作效率，促使工作任务顺利完成。另外，在对人员进行配置时，如果能对性格的相辅性与互补性加以注意，那么就可以在很大程度上有助于人际关系的协调、群体社会心理气氛的和谐。

　　管理就是利用资源或资源的投入，获得最好效果的一种活动。在管理活动中，会涉及很多资源，比如，时间、空间、人力、物力、财力以及信息等。其中，人力是最为重要的一种资源，是企业生存不可缺少的根本性资源。如何对人力资源进行优化组合，将人力资源的巨大优势发挥出来，并且能够对人才产生巨大的吸引力，使企业的人力资源得以发展壮大，是管理者需要认真思考的问题。对此，管理大师给的建议为：在人力组合时，要注意优势互补，充分发挥团队的优势。

重视团队成员合作精神的培养

如果企业想要处在一种最好的发展状态中，一定不能缺少了团队精神。在如今这个高速发展的社会中，企业的分工愈来愈精细，不管什么人，都不可能独自将所有的工作完成。所以，团队精神越来越成为企业的一个至关重要且不可缺少的文化因素，它要求企业合理地进行分工，把下属放在合适的位置上，使他们能够最大限度地将自身的才能发挥出来，同时又使用相应的机制进行辅助，使下属形成一个良好的有机整体，为实现企业的目标而不懈奋斗。因此，作为企业管理者，重视团队成员合作精神的培养，有意识地培养出一支充满团队精神的高绩效团队，是其必须要完成的管理目标之一。

在一座看起来破破烂烂的寺院中，有三个和尚相遇了。

"为什么这座寺院会荒废成这样了呢？"不知道是谁提出了这样一个问题。

"肯定是因为和尚不够虔诚，所以菩萨不灵验。"甲和尚回答说。

"肯定是因为和尚不够勤快，所以庙产不维修。"乙和尚回答说。

"肯定是因为和尚怠慢无礼，所以香客不够多。"丙和尚回答说。

这三个和尚不停地争执，最终决定留下来各自显示自己的能力，看看到底是谁能够取得成功。于是，甲和尚认认真真地礼佛诵经，乙和尚仔仔细细地整理庙务，丙和尚礼仪周全地化缘讲经。果不其然，这座寺庙的香火逐渐变得旺盛起来，寺院恢复了以前的壮观模样。

"都是因为我认认真真地礼佛诵经，菩萨才会显灵的。"甲和尚说。

"都是因为我勤快地管理庙务，寺务才会周全。"乙和尚说。

"都是因为我礼仪周全地劝世奔走，香客才会这么多。"丙和尚说。

这三位和尚又开始不停地争论，不再干正事了，慢慢地，这座寺院的盛况又消失了，最后三个人也都选择了离开，各奔东西。

其实，这座寺院最后之所以会再次荒废，是因为这三名和尚都只看见了自己身上的价值，而忽视了团队合作的重要性与巨大力量。

在一次会议上，华盛集团的老总说了这样一段极为精彩而透彻的话："我们每个人都是社会的人，有合群的需要。我们同是华盛人，从加入华盛的那一刻起，我们就是华盛这个团体的一分子。每个华盛人的一言一行代表的是华盛这个团体，也影响着华盛这个团体。如果一位下属缺少团结协作的精神，即使短时间内不会给集团造成危害，但也不可能为集团带来长远利益。如果一位下属脱离团队，不能采取合作的态度做一件工作，那么团队工作就会受到影响，团队效率就会降低。只有以团队目标为个人目标，以团队利益为个人利益，维护团队荣誉，这样的个体才能受到大家的尊重。集团希望每一个华盛人都能以优秀的协作精神和良好的道德形象来提升公司的凝聚力及外在形象，与华盛同进退、共荣辱。"华盛集团老总对团队精神进行的诠释，正是由于华盛集团重视团队成员的合作精神，并且致力于培养下属的团队精神，使华盛集团的发展速度才会变得愈来愈快。

鉴于此，如果想要成为一名跟得上时代发展的优秀管理者，那么就非常有必要花费一定的时间与精力，做好创建团队、复苏团队以及培养团队成员的合作精神的工作。对此，管理大师给出了下列几点建议。

1.管理者必须以身作则

作为管理者，既是团队中的一员，也是团队中一个不可或缺的角色。管理者的行为相当于整个团队的旗帜，言行举止会对团队成员的思维造成直接影响。试想一下，如果管理者是一个唯利是图、自私自利的人，却要求下属具备团队意识，彼此之间能够协同合作，那么最终的结果肯定不会令人满意。"正己"才能够"正人"，因此，在团队中，管理者必须要做到严于律己、以身作则，通过自己的言行慢慢建立起身为管理者的威信，确保管理中的组织与指挥能够有效执行。下属也会自愿遵从企业的行为规范，形成良好的团队氛围与风气。

2.要设定一个明确而有效的目标

目标就是一面高高的旗帜、一盏明亮的指明灯，它能够带着众人向着同一个方向努力奋斗。如果想要培养团队成员的合作精神，那么管理者一定要设定一个明确而有效的目标，并且对目标进行细分，通过组织学习、讨论，让每一个部门、每一名员工都清楚地知道本部门或者本人应当担负什么样的责任，应该朝着哪个方向努力，这是团队形成合力、共同拼搏的前提条件。拥有了明确而有效的目标之后，管理者才能带着团队快速前进。

3.增强团队的凝聚力

团队凝聚力是一种看不见的精神力量，是一条可以紧密将团的所有成员联系在一块的无形纽带。团队的凝聚力源于团队成员自发的内心动力，源于相同的价值观，是团队精神的最高体现。作为管理者，要注意培养下属的群体意识，通过下属在长时间的实践中形成的动机、兴趣以及信仰等文化心理来与下属沟通，引导下属，使之产生相同的归属感、认同感与使命感，增强团队精神，生成较为强大的凝聚力。

4.创建有效的沟通机制

在平时的工作中，要想使团队精神和凝聚力得以保持，沟通是必不可少的重要环节。畅通无阻的沟通渠道、经常进行的信息交流，使团队成员之间不再有任何的压抑感，这样一来，工作就比较容易出成果，目标实现起来也就更加顺利了。

纪律严明，团队更易取胜

对于一个团队来说，纪律是其生存与作战的保障，失去了纪律，团队就会散如一盘沙，前进的方向也会变得模糊不清。

《左传》中有这样的记载：孙武拿着自己的著作去拜见吴王阖闾，大肆谈论自己对带兵打仗的看法。吴王觉得，孙武说得很不错，但若是纸上谈兵就没什么用了，于是，为了考验孙武，他出了一个难题：让孙武为他训练姬妃宫女。孙武挑出了一百名宫女，让吴王的两名宠姬做队长。

孙武耐心地讲清楚了列队操练的要领，可是在正式喊口令的时候，那些女人却嘻嘻哈哈，乱成一团，不听他的命令。孙武再次将要领讲解了一遍，并且要求两名队长做出榜样。可是，当他再次喊了口令之后，宫女们依旧不在意，两名担任队长之职的宠姬更是笑得直不起腰。孙武相当严厉地说道："这个地方是演武场，不是你们的王宫。你们如今是军人，而非宫女。我的口令便等于军令，而非玩笑话。你们不遵从口令，两名队长还带头抗命，这是公然违背军规，应当斩首！"话音一落，他就叫武士杀了两名宠姬。

一时之间，宫女们吓坏了，谁也不敢说话，当孙武再次喊口令的时候，她们不敢有丝毫的怠慢，都开始认认真真地训练，没多久，不管动作，还是步调，都做到了整齐划一，像是训练有素的军人。孙武派人去请吴王，可吴王正在为死去的那两名宠姬难过，根本没心思去看宫女的训练，只是派人对孙武说："我已经领教了先生的带兵之道，由你指挥的军队肯定有着极为严明的纪律，能够打胜仗。"孙武什么话都没说，而是从立信入手，换来了森严的军纪与令出必行的结果。

由此可以看出，纪律是获胜的保证，少了森严的纪律，从小处来说，军队就不可能打胜仗，从大处来说，一个国家就会变得乱糟糟的，秩序全无。对一个企业来说，严明的纪律是企业发展的根本所在，只有在铁的纪律的约束下，团队才能发挥出惊人的战斗力。

世界有名的英特尔公司前总裁葛洛夫觉得，纪律是促使企业运转效率得以增强的保证。他从早期企业文化当中就深刻地知道了企业倡导纪律的重要性。

刚创建英特尔公司时，葛洛夫觉得一定要加强制造部门的管理，重视清洁，才能够高效地生产。他把这样的观念扩充到企业的所有部门，比如，要求每一个办公桌、档案柜都要保持整齐，每个部门都要按部作业，不管制造、工程部门，还是行销或者财务部门，都要严格遵从公司的纪律。对于公司的卫生问题，专门设置了"清洁大使"检查制度，由主要负责人巡视各个办公区域，根据其清洁程度来打分。倘若哪个人评分成绩不好，就要马上清理，并且要在下个星期得到比较高的分数，以此来洗刷前耻。葛洛夫表示，唯有如此，才能够将公司的"纪律之美"表现出来，才能够让机器顺畅地运转，获得最高的产量。

一个企业若想长期发展下去，一定要有铁的纪律作为保证。不管是一个组织，还是一个团队，缺少了纪律，就等于缺少了发展的基础。企业犹如一部快速运行的机器，所有的岗位均是机器上无法缺少的零件。如果想要机器正常运转，所有的零件都一定要尽心尽责地工作。若想让所有的零件都忠诚地对待自己的工作，就必须要遵从机器规定的程序与轨迹来运作。这个规定的程序与轨迹便是机器严谨缜密的组织纪律。同理，若想企业健康发展，也一定要让所有的下属都严格遵守企业的纪律，按照规章制度去工作。

伊藤雅俊是伊藤洋货行的董事长，20世纪70年代，他忽然将拥有赫赫战功的岸信一雄解雇了，这在日本商界引发了一场巨大的震动，就连舆论界都使用非常轻视而刻薄的口气批评伊藤。大家都在为岸信一雄抱屈，认为伊藤过河拆桥。

面对如此猛烈的舆论攻击，伊藤雅俊理直气壮地反驳说："对于我的企业来说，纪律与秩序是不可缺少的，不遵守纪律的人必须要受到重罚，就算会因此使战斗力降低也在所不惜。"

原来，岸信一雄最初是从"东食公司"跳槽来到伊藤洋货行的。伊藤洋货行是依靠衣料买卖发展起来的，因此在食品方面比较弱，才会利用重金将岸信一雄挖过来。岸信一雄到了伊藤洋货行以后，表现很好，也做出了很大的贡献，只用了10年时间就使公司的业绩提高了好几十倍，使得伊藤洋货行的食品部门蓬勃地发展起来了。

可是，随着公司业绩越来越好，岸信一雄却开始不遵守公司的规章制度了，他常常支用交际费用，也不管理部下，这一点不符合伊藤雅俊的管理方式。所以，伊藤雅俊向岸信一雄提出了要求，让他改变工作态度，遵从伊藤洋货行的经营规则。可是，岸信一雄依然不予理会，我行我素。

虽然岸信一雄在经营方面是个难得的奇才，可是他却扬扬得意，陶醉在好成绩中，不遵从纪律，多次教导都不改正，伊藤雅俊最后只能忍痛解雇了他，以便维护企业的秩序与纪律。

对于企业经营与发展而言，纪律是最基本的前提。不管哪个行业，都应当把规章制度、纪律放在第一位，纪律面前，众人平等。一个企业有了森严的纪律与严格的管理，才能正常地生产，健康地发展。

一个企业执行力水平的高低取决于纪律性的高低。倘若企业没有了铁的纪律，那么人心必然会涣散，组织必然会瘫痪。有令不行，该做什么不做什么，也就没有什么战斗力可言了。一个团队如果纪律涣散，就算生产设备再好，也不可能产生一流的生产效果；就算营销方案再好，也不可能取得良好的经营业绩；就算决策再好，也不可能收获成功。一个企业若想取得令人羡慕的业绩，就必须要拥有严明的纪律，这样才能拥有高执行力的团队，才更容易在激烈的竞争中获胜。

第十章

自身管理

——完善自我，用简单方式立威

树立个人威信，提升自身影响力

有这样一个故事：

有一名刚刚上任的县官，兢兢业业地工作了3个月后，问自己的幕僚："你觉得我与前任县官相比，谁的威望更高一些呢？"那名幕僚沉默了半天，小声地回答："前任县官的威望更高一些。"这名县官听后，没有说一句话就离开了。第二天，他就主动交上官印，辞职了。

这个故事从侧面表明，威望是管理者权威的核心，"为官者"缺乏威信，还不如直接辞官。作为管理者，唯有建立了威信，才能成就一番大业。那么，到底何为管理者的威信呢？

这里所说的"威信"，指的是在被管理者心目中，管理者的威望与信誉，它是一种精神感召力，可以让被管理者信任、服从管理者。管理者所具备的威信，与其事业的成败息息相关。

在一个组织当中，管理者拥有多大的威望与影响力，是至关重要的。管理者之所以要树立威信，是由于管理者与普通员工是不一样的。普通员工只需要将属于自己的事情干好就行了，不需要借助威信去领导他人。管理者则不是这样，如果管理者缺乏威信，那么就不可能成为合格的"领头羊"，就不能依靠员工获得成功。

威信既不是自己加封的，也不是依靠他人吹捧得来的，而是依靠自己的日常言行与工作业绩逐渐浇铸而成的。威信属于实践的产物，它既不是管理者职权本身就具有的，也不能从上级的任命中生成，而是通过长时间的实践在人们心中形成的一种特殊力量。只要是拥有良好威信的管理者，均是在长时间的管理实践中，凭借自身的品行与业绩慢慢形成的。

1870年3月17日晚上，一艘法国最华美的邮轮，载着多位船员与一船的乘客从南安普敦出发，向目的地根西岛驶去。

然而，非常不幸的是，在大约凌晨4点时，它被另一艘全速航行的重载大轮船撞上，导致它出现了一个巨大的窟窿，开始快速下沉。顿时，船上的人们大惊失色，慌乱地向甲板涌去。

这个时候，作为船长的哈尔威却不见一丝惊慌，他非常沉着冷静地在指挥台上指挥："全体保持安静，请注意听从我的命令！立即放下救生艇，让妇女先离开，其他乘客随后跟上，船员来断后，一定要至少救出60人！"

听到船长非常威严的声音，人们的情绪稍稍稳定了一些。当大副向船长报告："再过20分钟，船就会沉没到海底"的时候，他高声喊道："够了！"并且，再一次大声命令道，"如果有哪个男人胆敢抢先在女人的前面走，我会立即开枪将他打死！"

于是，女人们率先离开，没有任何男人抢先走，也没有任何人"趁火打劫"。在生死存亡的关键时刻，对于船长的命令，人们极有可能会拒绝服从，但哈尔威船长却利用自己的威信，迅速控制了局面。在他要抢救的60人当中，居然没有他！他本人既没有做一个手势，也没有说一句话，淡定而从容地随着船沉入了汪洋大海中。这便是权力根本不可能与之相比的威信的力量。

在实施管理的过程中，管理者最想看到的便是下属承认自己的地位，欣然接受自己的命令，并严格执行。而在此过程中，管理者的权威占据着重要的地位。

有人将单位或者部门管理的特征概括为：管理=实力+威信，这很好地突出了实力和威信是组成管理能力不可或缺的要素。成功的管理者，往往具备99%的个人威信与1%的权力行使。在这类管理者的感召之下，很多人都愿意不计所得地为组织或者部门努力工作。为了实现所设定的目标而勇往直前，没有任何保留地将其所有的才能与智慧奉献出来，甚至赴汤蹈火，也在所不辞。实际上，这类管理者就是将威信发挥到了极致。员工之所以心甘情愿地为自己服务的组织卖命，最主要的原因，便是该组织的管理者有着超强的个人威信，犹如磁铁一般紧紧地吸引着员工，无声地激励着众人，使之勇往直前，奋进不止。

威信包括威望和信誉，是不能用金钱衡量的珍宝，同时也是管理者一定要具备的素质和资本。《辞海》中写道："有威则可畏，有信则乐从，凡欲服人者，必兼具威信。"威信既是一种大品格、大能力，也是一种大诚信、大智慧。在企业管理中，管理者的威信主要由其从业经历、专业专长、工作绩效以及人格魅力组成。管理者并非依靠权力去管理员工，而是通过人格魅力的影响来对个人威信进行构筑。那么，作为一名管理者，如何才能获得真正的威信呢？

1.以德行立威

古人云："德高而望重。"良好的品德与优秀的品行，是管理者树立威信的首要要素。如果管理者想要建立权威，就一定要清楚，道德与才能是威信的底蕴。利用自己宽容、厚道的人格将对方感化，使之乐意服从自己。中国有句古话："服人者，以德服为上，才服为中，力服为下。"倘若"力服"凭借的是权势的力量，"才服"凭借的是智慧的力量，那么"德服"凭借的便是人格的力量。倘若"以力服人"者证明自身具有权威，"以才服人"者证明自己高明一些，那么"以德服人"者，则证明其具备高尚、宽容、厚道的人格，是值得人们信赖的。这便是"以德行立威"的本质。

2.以能力立威

倘若管理者的德行是决定管理者建立威信的根本性因素，那么管理者的"能力"则影响着威信的大小。这里所说的"能力"，指的是管理者的工作能力、决策能力、分析能力与解决问题的能力，还包括沟通能力、管理能力、领导能力以及处事能力等。有能力的管理者能够协调好团队的各项工作，善于调动员工的积极性，激发他们的工作热情，提高整体的工作效率，这不仅使大家保持愉快的心情完成工作，而且也增加了员工对管理者的信任和肯定。

管理者要不断地学习，涉猎更多的领域，丰富自己的知识储备。随着时代的发展，员工的知识水平普遍提高，所以作为管理者，在知识储备上更不能出现"短板"，尤其是所属专业内的业务，不能模棱两可，要达到精通的程度。否则，员工心中很容易对管理者产生不服气的情绪。唯有既精通业务知识，又拥有丰富的管理与其他相关知识的管理者，才能够赢得员工的敬佩，从而产生强大的感召力。

3.以信用立威

"言必信，行必果。"这里的"言必信"，指的就是说话必须要讲信用，不可以食言，不能说大话、说空话。作为一名管理者，唯有坚持"言必信，行必果"的行事准则，才能获得员工的信任。

对管理者威信伤害最大的行为，便是被员工发现管理者是在吹牛、说谎、不守承诺。管理者必须要严格要求自己，不在员工面前吹牛，不对员工说谎，作出了承诺就一定要实现。唯有如此，才能得到员工的信任与尊重，形成良好的权威。

4.以公平、公正立威

在管理实践活动中，尤其是在各项评选工作中，管理者必须做到公平、公正，凡事都按规章制度处理，绝不徇私舞弊。虽说这个世上没有绝对的公平，但却存在相对的公平，企业管理者扮演的角色就是工作中的天平，只有做到公平、公正，才能让员工信服，才能提升自己的威信。

5.以廉洁生威

廉洁不仅是管理者在员工面前立身的根本，而且也是员工非常关心的问题之一。在中国历史上，每个朝代的"为官之道"都有一个要求：廉洁。只要是百姓敬仰的好官，没有一个不是廉洁之官。古语云："廉能生威。"如果你是一名清正廉洁的管理者，员工便会对你肃然起敬。

放下"官架子"，把自己视为普通人

在现代企业中，很多企业管理者都有这样的想法："我个人就代表了企业"，然而这种想法却是错误的。的确，作为企业的管理者，很容易产生"高人一等"的感觉，说得通俗一点儿，就是"拿架子"。这是管理者最容易犯的错误，也是管理者的大忌之一。

有些管理者总是将自己的位置摆得太高，甚至觉得下属就应该给我干活，就应该任我差遣。所以，他们在下属面前盛气凌人地耍派头、逞威风，结果只会让下属心生不满，怨声载道。这种管理方式，不仅降低了管理者的人品，而且也使管理者与下属之间的距离变得更远，犹如隔着一条"天河"，无法逾越。

正因为如此，普通员工在面对高层管理者时，一般都会选择敬而远之。在这种情况下，作为管理者，倘若再摆出"官架子"，那么只会将你身边的人全都赶走。慢慢地，你就会发现自己被孤立起来了，不仅工作很难展开，事业遭遇挫折，而且你的生活也不会快乐。因此，管理者应当将"官架子"放下来，与下属建立类似于朋友的伙伴关系，这样，下属才会对你敞开心扉，对你说出心里话。

坂田里茨是某公司的主管，他并不明白与下属搞好关系的意义。他仗着自己是公司高薪聘来的主管，在下属面前总是一副高高在上的样子。在他看来，自己是主管，说话就应该有威慑力，根本不用管下属的想法。因此，坂田总是对下属挑三拣四，埋怨下属各种不好，弄得下属对他很不满，很厌烦。

工作了很长时间后，坂田心中产生了一个疑问：为什么其他团队每年都会研发出新的产品，而自己的团队除了将自己交代的任务完成之外，根本没有什么创造力？难道自己团队的成员缺乏这方面的能力？思来想去，坂田才恍然发现，应该是自己的原因造成的。

因此，从第二天起，坂田面对下属时就不再板着脸了，而是很温和，而且还买了很多日用品，让下属在疲惫时，可以稍事休息片刻。看到他的转变，下属非常吃惊，但也慢慢地放松下来。不仅如此，坂田还去下属的家进行拜访，与下属聊天，谈家常事。

很快，坂田就挖掘出了其下属每个人的很多优点，下属们也开始信赖他。坂田与下属们打成一片，下属遇到技术难题，往往会请教于他。坂田还极力鼓励他们多多创新，结果，他们的团队用了不足一年的时间创造出了50多种新产品，受到了老板的信任与重用。一年之后，坂田升职了，成为公司的副总裁。

从上述事例中很容易看出，管理者将"官架子"放下，表面看似乎其官威减少了，但实际上其人品与威信却提升了很多。因此，管理者别总想着摆什么"官架子"，要知道，"高人一等"的神态是最招人厌烦的，也不可能获得他人的尊敬，只会给管理者的工作增加诸多障碍。如果管理者能够将"官架子"放下来，采用平等的态度与下属进行沟通与交流，就会让下属产生被尊重的感觉，心甘情愿地接受管理者的管理，并且乐于与管理者成为朋友。如此一来，管理者的"权力范围"就会变成友好的"关系范围"。对于管理工作而言，这种状态是最好的。

有相关报道说，某些大公司已经将管理者（董事长、经理等）

的专用餐厅、专用洗手间取消了。在日常工作中，他们与员工一起交谈、争论，有时甚至还会与员工一起修理出现问题的机器。日本的企业更甚之，在工作时间，不管是公司经理，还是董事长，都要与员工穿一样的工作服，一起干活。下班之后，他们还一起去喝酒，一起去跳舞……总之，他们将自己的特权取消了，将作为指挥者的高高在上的"架子"放了下来，将自己身上的"神秘"与幻想破除了，采用平等的身份，走到了下属中间，并与之保持着亲密的关系，从而将下属的工作热情激发了出来，安抚了他们长时间对下压式管理的逆反心理，让他们产生了强烈的安全感、认同感与归属感，怀着极大的热情投入到工作中，将自身的创造力淋漓尽致地发挥出来。

的确，与喜欢摆"官架子"的管理者相比，那些平易近人的管理者更容易与下属成为朋友，更容易赢得下属的尊敬，从而形成上下一条心，共同努力奋斗的局面。这是树立威信、提高领导魅力，增强领导力的一种重要方式。

因此，要想成为一名优秀的管理者，就必须要将"官架子"放下来，从办公室走出来，走到下属中去，与下属交朋友，时刻将下属放在心中。常言道："只有送不到的暖，没有焐不热的心。只有想不到的事，没有讲不清的理。"只要管理者将"真爱"送给下属，下属的心就会靠向管理者，信赖管理者，尊敬管理者。如此一来，管理者与下属之间的距离缩短了，管理者的工作展开起来也就变得容易多了。

总而言之，作为管理者，一定要将"官架子"放下来，切实走到下属中去，观察并体会下属的心意，如此一来，才能够了解下属工作的真实情况，才能够真正做到运筹帷幄，胸有成竹，成为成功的管理者。

以身作则，用无声语言教育他人

作为一名管理者，如果你想要顺利地履行自己的管理职能，除了要正确使用自己所拥有的权力外，还要依靠自己的示范与榜样作用，依靠自身的人格力量。这便是古代先贤所说的"其身正，不令而行；其身不正，虽令而不从"。管理者只有严格要求自己，真正做到以身作则，率先做出榜样，用无声的语言教育下属，才能令下属信服，心甘情愿地服从管理者的指挥。

海尔集团的张瑞敏曾经说过："管理者要是坐下，部下就躺下了。"只有将自己管理好的人，才能够将他人管理好。在现代企业管理中，有着十分明确的要求——管理者必须要以身作则，用实际行动去影响下属，带头为下属做榜样。

李嘉诚说："在我看来，一个好的管理者，首要任务就是自我管理。"他还常常告诫员工："自己没有做好，怎么可能要求别人做好呢？"在公司中，尽管李嘉诚担任着董事会主席的职务，但是在面对公司的规章制度时，他并没有搞特殊，而是与普通员工一样严格地遵从着。

为了节省时间，提升开会的效率，李嘉诚对高层主管提出了要求：开会的时候必须要注意时间，每次开会的时间要在45分钟之内，倘若超过了规定时间，就要马上终止会议，至于尚未说完的事情，再寻找合适的时间处理。刚开始的时候，许多人都不适应，开会的时间经常在45分钟以上。

有一次，李嘉诚与公司的几位董事一起开会，由于讨论得太过激烈，大家都将开会的时间要求忘记了，转眼间，一个小时已经过去了。李嘉诚发现之后，立即作出了散会的决定，可是那几个董事却觉得不妥，提醒他此事万分紧急，希望他能够破例一次。

然而，李嘉诚却摇了摇头，语重心长地说："大家都是公司的高层人员，公司上下数千双眼睛都盯着我们，我们要给员工做出一个好的榜样。"

英国有一句谚语："好人的榜样，就是能够看见的哲理。"在实施管理的过程中，管理者的身体力行会对下属的行为产生直接的影响。有一句话是这样说的："别人不会看你如何说，而是看你如何做。"倘若管理者对下属说："你们每天必须要学习一个小时，以便迅速提高自身的能力。"但是，下属却发现管理者本人每天却没有进行学习，在这种情况下，下属自然也不会乖乖服从管理者的命令。下属会因为看到管理者光说不做而有样学样，最终导致管理者的命令失去了效用，也很难带领员工做出令人羡慕的骄人业绩。

管理者怎样做，才能够避免这种情况的出现呢？管理者只有以身作则，严格服从公司的规章制度，身先士卒，坚持不懈地努力工作，才能让下属在这种无声语言的教育下，对工作爆发出无限的热情，付出极大的努力与心血，形成积极向上、团结共进的工作氛围。

管理者取得成功的关键，99%在于管理者本人表现出来的威信与魅力，1%在于管理者的权力行使。而管理者的这种威信和魅力，正是源于其本身的行为。古人常说："己欲立而立人，己欲达而达人。"只有自己想要去做的事情，才能够要求他人去做；只有自己可以做到的事情，才能够要求他人也做到。管理者与其每天为了下属没有努力工作而愁眉不展、怒火冲天、头痛烦恼，还不如自己全身心地投入到工作中，竭尽所能地去行动，为下属做一个良好的表率；与其强制性地对下属提出要求，让他们拼命地为企业工作，还不如自己率先行动，以身作则，怀着满腔的激情去工作。只要管理者集中精力、专心致志地工作，带头服从公司的规章制度，用这种示范行为去带动下属，那么，员工肯定会深受感动，然后像管理者一样，积极努力地工作。

要知道，无论什么时候，身教都要比言教重要得多，榜样拥有着无穷的力量。管理者的许多力量，通常都是由行为动作，而非语言体现出来的。在一个团体中，管理者是大家十分关注的对象，其言行举止都会落入大家的眼中。唯有懂得以身作则、一马当先的管理者，才能够对下属产生强大的影响力，才能够在实施管理时得心应手、如鱼得水。

世界上任何一个持续发展与进步的团体，都不会忽视榜样的力量。榜样的力量是积极向上的，是可以作为一面镜子或旗帜影响下属行为的。管理者唯有懂得以身作则，用无声语言教育下属，才能够收获预期的管理效果，得到期盼已久的成功。

完善自己，提升个人魅力

通常来说，杰出的企业管理者身上都具备一种超强的个人魅力。正是这种人格魅力吸引并领导着下属，一起推动企业的发展，走上同行业的巅峰。尽管领导者的性格各不相同，思维方式和行事风格也不一样，但是他们在下属眼中，均是会具有超强个人魅力的企业领导者。那么管理者的人格魅力到底是什么呢？

管理者的人格魅力，一般指的就是管理者的个人综合素质，比如，品行、性格、才学、能力、感情以及经验等吸引人与感召人的影响力。它并不在管理者权力影响范围内，是一种可以令下属与群众信任与敬佩的自然征服力。

管理者所具备的人格魅力是大是小，会非常明显地体现在具体的工作实践中。美国心理学大师拿破仑·希尔博士曾经说过这样一句话："真正的领导能力源于令人敬佩的人格。"具有较强人格魅力的管理者，在下属中有着较大的号召力，他制订的计划、做出的决策，都比较容易得到下属的认可，比较容易带领下属将既定目标与任务完成。而不具备人格魅力的管理者，则对下属严重缺乏吸引力与号召力，很难顺利地将下属组织与动员起来，让下属为了工作而不懈地努力。

王旦是宋朝的太尉，曾经在皇帝的面前夸奖寇准，并且极力推荐寇准担任宰相之职。而寇准却多次当着皇帝的面批评王旦。

有一天，皇帝实在忍不下去了，就告诉王旦："尽管你夸赞寇准的优点，但他却常常在朕面前批评你。"

王旦笑着说："原本就应当如此啊。我做宰相很长时间了，在处理政事的过程中，肯定有不少失误。而寇准在陛下面前直言不讳地将我的缺点指出来，这正是他对您忠诚的表现，也是我重视他的原因。"

有一次，由王旦负责主持的中书省将一份文件送给由寇准负责主持的枢密院时违规了。寇准得知后，立即向皇帝汇报了此事，导致王旦被皇帝责备。可是，此事过去没多长时间，枢密院给中书省送文件时也出现了违规现象。中书省的办事人员非常高兴地将文件交到王旦的手中，觉得王旦必定会报复寇准。然而，王旦并未如此做，反而直接退回了文件，希望枢密院能够修正。

寇准知道后心生愧疚，大肆夸赞王旦的度量。后来，寇准被提升为武胜军节度使同中书门下平章事，寇准在向皇帝谢恩时，皇帝却告诉他："此乃王旦的推荐。"从此，寇准对王旦更加敬佩了。

王旦做了十二年的宰相，推荐了十几个大臣，大部分都获得了较大的成就。王旦身上表现出来的，便是我们所说的个人魅力，足以对身边的人产生较大的吸引力与影响力。

高尚无私的人格魅力，会形成很大的权威。李嘉诚在总结他多年的管理经验时，这样说道："如果你想做团队的老板，简单得多，你的权力主要来自地位，凭借你的努力和专业知识；如果你想做团队的领袖，则较为复杂，你的力量源自人格的魅力和号召力。"由此可以看出，作为管理者，唯有将自己身上的个性化特征，比如，品格、素质、工作作风及方式等，有机地与管理者活动结合在一起，才能够很好地将工作任务完成，将其管理能力体现出来。缺乏人格魅力的管理者，很难完美地体现出其工作能力，即便他有再大的权力，工作起来也会处于被动状态。

金森林于1994年6月正式进入华为，当时，他正好碰上C&C08数字机的诞生，在经历了一场十分紧张但却井然有序的短期技术培训后，他进入了总测车间。

在一个月后的某个晚上，因为用户板厚膜电路来料不佳，严重影响了测试的进度，使之进展十分缓慢。在将近午夜12点的时候，一位看起来很像食堂大师傅的人带着好几个食堂工作人员，打开了车间的大门，为大家送来了夜宵。只见他一边从容地盛饭，一边热情地对大家招呼道："大家别忙了，快来喝点鸡汤吧，要注意休息，别熬夜熬得太晚了。"吃完后，后面的测试十分顺利，不足一个小时，都完成了。

8月的一天，金森林收到了部门领导的通知，让他晚上7点去参加新员工座谈会。座谈会刚开始，会议主持人就兴高采烈地告诉大家，今天非常荣幸地请来了公司总裁，让总裁为新员工讲话。

于是，在一片热烈的掌声中，金森林万分惊讶地发现那位他之前认为是食堂"大师傅"的人走上了讲台，对着底下的观众深鞠一躬后，说道："欢迎大家来到华为，我叫任正非，希望大家喜欢华为。"他一边声情并茂地说着话，一边慢慢地走到众人面前，掏出名片，逐一发给大家，并与所有的新员工握手致意。

任正非将名片发给所有的新员工后，便开始正式讲话。他的发言极其精彩，赢得了雷鸣般的掌声，金森林对其中的一段话留下了非常深刻的印象："我希望大家在十年以后还能保留着我的名片，把华为当成自己的家。尽管大家的岗位不一样，但我希望你们踏踏实实地干好，就如法国的焊接工人一样，一辈子做焊接，直到做成世界一流的焊接专家，我期待着大家的成功。"

直至现在，金森林依旧保存着那张名片，每每看见它，他就会想起那些令他无法忘怀的日子。

名声斐然的成功管理者，全部都具备超强的个人魅力，处处展现着身为领袖的良好风范。他们不仅可以将员工的工作意愿激发出来，而且还有着超强的沟通能力，可以以道理与情感说服员工。

作为管理者，如果你只懂得利用强制力与奖赏力来领导下属，那么或许也会有一定的效果。可是，倘若你想要使自己的领导魅力得到提高，使员工给予你足够的尊重与喜爱，那么你就需要竭尽所能地去影响下属，将下属的心拿下。倘若你真的能够做到这一点，你就是一名优秀的管理者，而且还可能会完成很多看似不可能的任务。

做人要诚信，言出必行

对于管理者而言，言而有信是其最重要的资本。做出承诺，却失信于人的管理者，必将被人孤立，最终落得个万般无助的下场。《管理者诚信是金》中有这样一段话："对于管理者而言，诚信是至高无上的。有了诚信，管理者才能够带领人们抵达'承诺之地'；没有诚信，管理者只能在期望失落的荒漠中徘徊不前。一旦丧失了诚信，也许就不能再重新得到了。所以，对于每一个想要做出成就的经理来说，一大教益便是要将你的诚信保持好，将诚信照顾好，永远都不要弄丢诚信。"

作为一名管理者，只要做出了承诺，就一定要按时兑现。恪守承诺，言出必行是管理者维护自身权威的重要秘诀。做出承诺之前，管理者要三思而后行。倘若无法确定自己最终是否能够兑现，那么就不要轻易许下承诺。一旦将承诺许下了，就一定要全力以赴，竭尽所能地保证这个承诺不打折扣地实现。

下属从管理者那里得到承诺之后，就会牢牢地将其记在心间，期盼着能够兑现。届时，如果管理者实现了承诺，下属就会感到满足，继而干劲十足地去工作，反之，下属就会失望，甚至对管理者产生埋怨的情绪，不利于之后的工作开展。因此，管理者按时将自己许下的承诺加以兑现，是相当重要的。

威轮集团是一家规模很大的民营企业，生产发动机。威轮集团于2000年创建了一个项目部，开始仿制研发舷外机。

相较于通用发动机，舷外机的利润空间大得多。为了加快研发速度，抢先占领市场空间，威轮集团主管领导对舷外机研发组做出了这样的承诺：倘若研发组能够在规定时间内，将达到特定技术指标的产品开发出来，集团将会拿出10万元奖励给研发组。

在两名经验丰富的老专家的带领下，研发组的所有工程师进入了急迫而紧张的工作中。在大家坚持不懈的努力下，研发组终于在规定的时间内开发出了符合特定技术指标的产品。

之后，为了将产品推向市场，威轮集团进行了多种推广活动。但是，对于舷外机的推广活动，市场上并没有出现他们预期的火热场面，绝大多数的潜在客户都选择了观望。

看到市场的反应，原本充满激情的集团管理层犹如被当头泼了一盆冷水。集团领导直接放话说："项目并未达到预期效果，别再提什么奖励的事情了。"

得知该消息后，一直以来都处在负重冲刺状态下的研发人员顿时失望至极，不足半年内，大部分的研发人员都选择了辞职，到别的公司发展了。

5年后，舷外机的市场变得热闹了。威轮集团打算重新启动舷外机项目，这时才发现当年参与此项目的研发人员已然全部离职了。如果想要重启该项目，企业就得再招聘一批相关人员，重新研发。

威轮集团的事例启示管理者：在企业遭遇困难时，有一部分管理者喜欢对下属作出各种充满诱惑力的保证与承诺，但事后却因为各种原因而拒绝兑现承诺。这么做或许可以对下属的积极性与创造性产生一时的激励作用，侥幸渡过难关。但这并非长久的计谋，时间长了，员工就会对管理者失去好感与信任，甚至还会产生怨恨的情绪，进而给企业带来不可估量的损失。因此，如果一个企业想要持续存活下去，管理者最需要做到的就是讲诚信，言出必行。

不管出于什么原因，管理者失信于下属都是极其严重的事情。它不仅会在很大程度上对下属的积极性造成损伤，而且还会对管理者的信用与声誉造成极大的损害。因此，管理者必须要言出必行，才能获得下属的信任，才能令下属心甘情愿地完成管理者分派的任务。不然的话，下属就会觉得管理者是在故意欺骗他，进而不愿意执行管理者的命令。

商鞅打算在秦国进行变法，制订一套新法律。为了让百姓相信这套新法律肯定能执行下去，他命人将一根木头立于南城门口，并且对百姓说："不管是谁，只要把这根木头搬到北门去，就能得到五十金的奖赏。"

大部分人都觉得不可能，担心商鞅最后不会兑现承诺。就在众人观望之际，有一个人走上前，将木头从南门扛到了北门。商鞅当场就将五十金赏给了他。如此一来，人们都相信商鞅了，认为他是一个言出必行的人。从此之后，在商鞅推行新法的时候，让人们遵守就变得容易多了。

作为管理者，必须要言出必行，唯有这样，才能令众人信服。日本企业家松下幸之助曾说："若想让部下信服自己，一朝一夕是做不到的，一定要经过很长一段时间，将许下的所有承诺都兑现了，诚信地去做事情，让人找不到可挑剔之处，才能够逐渐地将信用培养出来。"因此，若想让下属信服，管理者则需要注意自己的所有言行，坚决做到"言出必行"，唯有如此，才能收获下属的信赖，达到预期的管理效果。

古人云："人先信而后求能。"对于管理者而言，若想取得成功，就一定要诚实守信。要知道，信誉名誉高于一切。在企业管理者中，对下属"言出必行"，就是给予下属最大的尊重，体现了"以人为本"的理念。所有的管理者都应当明白"一诺千金"的本质，真正地做到"一言九鼎"，从而收获下属的信任与喜欢，并且带领下属努力工作，推动企业健康发展。

公平公正，将一碗水端平

良好的管理就是一碗水要端平。管理者在实施管理的时候要抱有一颗平等的心。唯有如此，下属才能够信任你、尊重你，才能够更加积极地工作，尽心尽力地为公司的发展做贡献。

在一家从事防盗、监控的光电技术研究公司中有一名叫王浩的老员工，他在这里工作了6年。公司刚刚成立的时候，总经理曾推荐王浩担任工程部经理，但王浩想留在所里继续发展，于是婉言拒绝了。

后来所里改制，他被分到了公司，工程部经理的位置有人担任了。为了不让公司其他人觉得不公平，就只好让王浩做了一名普通员工。

王浩的薪资一下子变少了，在所里的时候，他每个月都能拿到好几千，而且还不包括奖金、提成在内，而现在只能拿到两千。

无论是学历还是资历，他都是工程部最优秀的，他的工作技术含量高，没有人可以取代。但是他现在却只得到了一位普通员工的待遇，为此他心理很不平衡，曾多次找总经理谈此事。但总经理觉得这样的安排只有他一个人觉得不公平，而且他也是一名老员工了，总能理解的，所以，总经理敷衍地安慰他一下，就是不给他做调整。最终，王浩实在受不了了，就选择了离开公司。

王浩刚走没多久，公司就开始投标，但投标书不合格，对于这方面的知识，其他人又不了解，这正是王浩曾经负责的工作，公司为此丢掉了一笔大生意。

王浩之所以会离开这家公司，是因为他想要得到发展的同时更要求公平，他所具备的能力与所得到的薪资不成正比，公司的管理者还拒绝给他应得的待遇。管理者只想着对其他员工公平，却忽视了王浩，最终导致王浩离开，给公司带来了原本可以避免的损失。

其实，每个人心中都有一杆秤，时刻对自己的付出与所得进行衡量。下属不但会对自己的付出与所得进行衡量，而且也会对他与同事的能力和待遇进行比较。一旦发现管理者没有做到公平公正、一视同仁，他们就会觉得自尊心受损，工作热情与积极性下降。因此，作为管理者，在对待下属时，必须要做到公平公正，将一碗水端平。这不仅是管理者职业道德的核心所在，而且也是管理者协调与下属关系的一项基本原则。唯有保持公平公正，才能获得下属的信任与拥戴。倘若管理者不能做到一碗水端平，对某人或某事存在着明显的偏向性，那么上下级之间很容易出现隔阂与矛盾，不利于管理工作的进行，甚至会对公司的效益造成很大的影响。

1789年，华盛顿在构建第一届政府的时候，找了两个助手——汉密尔顿与杰斐逊，让他们各自负责内政和外交，而华盛顿则从总体上对国家的内政外交大计进行把握。由此构成的领导班子，被人们叫作"三驾马车"。

在头两年，这"三驾马车"十分默契地配合着，跃过了诸多障碍，克服了各种困难，将刚刚摆脱英国殖民统治，仍然处于险象环生境遇中的美国打理得井井有条。所以，新生的美国逐渐走上正轨。

然而，好景并没有维持多长时间，汉密尔顿与杰斐逊之间出现了严重的分歧，"三驾马车"出现了裂痕，三个人之间的平衡也慢慢地被打破了。

从1792年到1793年，汉密尔顿与杰斐逊之间的斗争愈演愈烈，已经从思想上发展到了组织上，从理智的变成了感性的。在这种情况下，能够为之进行调节的，就只有作为美国元首、"三驾马车"的领导者华盛顿了。在双方进行激烈斗争时，华盛顿始终与他们保持等距离的均衡关系，不亲不疏，没有偏袒任何一方。

汉密尔顿与杰斐逊所代表的集团都渴望得到华盛顿的支持，华盛顿却拒绝双方的示好，不偏袒任何一方，公正地保持着中立。不仅这样，华盛顿还积极主动地寻找"和解之法"，想要找出一种能够解决汉密尔顿与杰斐逊之间矛盾的方法。他一边告诫这两个人，如果让分歧继续下去，会对美国政府的地位产生极大的威胁，一边耐心地劝慰他们，虽然双方的手段与方法不一样，但却保持着相同的目标——让国家繁荣强大起来。

1793年，华盛顿先后给杰斐逊、汉密尔顿写了一封私人信函，希望双方能够摒弃猜疑，用忍让、克制与妥协的宽大胸怀对待彼此的政见。否则，将会对国家造成严重的不良影响。

虽然华盛顿最终也没有将汉密尔顿与杰斐逊之间的巨大分歧解决掉，使双方心平气和地坐下来握手言和，但是他却将他们之间的矛盾"关在内阁中"，不至于撼动整个联邦政府大厦，而且华盛顿亲自站出来裁决，保持公平公正，没有一丝的偏袒，摘取二人的长处，避开二人的短处，使之为美利坚合众国服务。

正是这种公平公正的处事风格，显示了华盛顿的伟大；正是这种不偏不倚的做法，维护了美国政府的稳定。

在对待下属时，管理者心中要有一杆"公平秤"，公平公正，将一碗水端平。唯有如此，管理者的人格魅力才不会降低，才能够树立良好的威信，赢得下属的拥护与尊敬，才能够成为一个令人羡慕的成功者。

面对错误，坦然承认更得人心

古人云："人非圣贤，孰能无过？"就算古代的圣贤，也有犯错误的时候，管理者也不例外。作为一个小人物，当你犯了错之后，或许还会主动承认。但是，一旦坐上那把象征着权力和地位的椅子后，即便只是一个小老板，在犯错之后也可能会为了所谓的颜面而拒绝道歉。

的确，现实中，有很大一部分的管理者似乎已经忘记了道歉的方式，尤其是在面对下属的时候。因为在他们看来，给下属道歉，会让他们非常没有面子，也会让他们的威信与影响力大大降低。所以，有的时候，即便管理者知道自己错了，也要死撑到底，"打死也不承认"。最终，他们的做法非但没有在员工心中保持威信，反而让员工认为他们就是不敢承认错误的胆小鬼，只会训斥员工的"暴君"。当这样的管理者在事业上遭遇低潮时，员工们只会一哄而散，根本不会有人愿意留下来与其共患难。而导致这种结果的根本原因就是，管理者所表现出来的自私、无理和霸道，让其最终落得个众叛亲离的下场。

其实，向员工说出"对不起"三个字并没有那么困难，勇于向下属道歉，不仅不会因为管理者的"低头认错"而损伤其在员工心中好不容易树立起来的威信，反而会得到下属更多的尊敬与爱戴，也会让管理者在他们心中的位置不降反升。

有一家工厂，所有的员工每天的工作状态都是乐观积极的，有其他工厂的员工对此感到非常不解，就问在这家工厂上班的朋友："你们每天都那么有精神地上下班，你们就没有哪一天感觉到累的吗？"

听了他的提问，这位朋友笑了笑，说道："这个还要从我们的老板说起，别人工厂的例会就算不是员工大会，那也绝对是集体挨批大会，但我们的例会完全就是我们老板的自我检讨大会。就拿前段时间文件丢失的事情来说，如果不是老板主动提及这件事情，我们都会认为是我们不小心将文件弄丢了，但在第二天的例会上听到老板的第一句话便是，'不好意思啊，昨天我拿着文件看了看，却忘了放哪了，致使你们跟着着急，真对不住啊。'"

听完朋友的解释后，这个人立即询问道："你们工厂还招人不？"

我们可以设身处地地想一下，你是想跟着一个天天训斥你的老板工作，还是愿意跟随一个能够和你平易相处，还能勇于承认自己错误的老板呢？答案是毋庸置疑的，人们都会毫不犹豫地选择第二种，这就是一个勇于承认错误的老板的吸引力所在，因为他满足了大多数人的心理，让员工感觉到老板在和自己一起并肩作战，并没有任何特殊，这也符合人们心中最受欢迎的领导形象。这样的管理者可以说是相当聪明的，善于抓住员工的心理，敢于承认错误，也因此获得了员工的认可与尊敬。

纽约《太阳时报》的前任主编丹诺先生，在工作中有一个习惯：每当他审稿的时候，就会用红笔标记出自己比较喜欢的段落，这也让排版人员知道此段落是"主编的意思"。

有一天，年轻的排版员在读稿时也看见了丹诺主编用红笔标记下来的一段话。这段话是这么写的："本报的忠实读者雷维特先生送给本报社一个很大的红苹果，仔细一看，在那光泽明亮、通红美丽的果皮上有好几个黄色的字，居然是我们本报主编的名字。这真的是一个奇迹！怎么能够在一个果皮光滑完整的苹果上，刻上这样既整齐又有光泽的黄色小字的呢？我们对这个发现做了很多的设想，却还是没有弄明白这些神奇的字是怎么刻上去的。"

看完这段文字之后，年轻的排版员情不自禁地笑了起来。因为他知道这些字是怎样雕刻到苹果上的。其实方法很简单，那就是在苹果没有成熟的时候，用剪刀将纸剪成自己想要的字样，然后把其贴在苹果上。因为贴纸的地方被盖住了，接收不到光照，所以成熟得比较慢，而其余没被纸遮住的部分则接收到了正常的光照，成熟得比较快。苹果成熟之后，揭去苹果上面的剪纸，色泽明亮、果面光滑的苹果上自然就出现了这些字迹。这位排版员很清楚，如果直接把主编标记的这段文字刊登出来，必定会受到许多专家和一些读者的嘲笑，会认为《太阳时报》的编辑非常浅薄，竟然连这种常识都不知道。

这位排版员想先征求主编的意见，但巧合的是，那天主编因故外出了。于是，这位排版员便自作主张地将这段文字删除了。

第二天早上，丹诺先生知道之后，怒气冲冲地找到了这名排版员，说："是谁允许你把那段文字删掉的？我还专门用红笔标注了出来，你怎么还是把那篇'奇异苹果'的文章删掉了？难道我的标注很不显眼吗？"

面对主编气愤的指责，年轻人的排版员也慌了神，急忙将删除

"奇异苹果"的具体原因讲给丹诺先生听。

听完年轻人的解释，丹诺先生沉思了片刻，然后用十分诚挚的态度向这位排版员道歉："原来是这样呀！真对不起，我为我刚才的做法向你道歉。这件事你做得很对，也希望以后你能继续这么做。对于我标注的东西，只要你有确切可靠的理由，都可以自行选择是否删掉。"

丹诺先生的这番话，让这个年轻人非常感动。他感慨道："难怪丹诺先生能成为一名优秀的主编，像他这样拥有如此大度量的领导已经不多见了！"

作为一名管理者，勇敢地承认自己的错误，敢于承担自己应负的责任，是建立良好形象，与员工建立友好关系的捷径。管理者并不是无所不能的神仙，而是一个正常的人，在管理过程中出现一些失误或犯下一些错误，本来就是在所难免的。在现实的企业管理中，许多问题与矛盾恰恰就是管理者死要面子导致的。如果管理者能够大大方方地站出来，正面承认自己的错误，那么就能够使员工感到温暖，得到员工的谅解，进而很好地解决问题。可见，面对错误，管理者坦然地承认，更得人心。

实际上，不管什么人，都可能会犯错误，但是能够从失败中获取教训，才能够走向成功。面对错误时所采取的态度，不仅决定了你是否能够成为一名合格的管理者，而且也与整个企业文化的塑造与竞争力的创建有着密不可分的关系。